René Harkins

Autobiographie

W0188788

Schrei nach echtem Leben

Fischermann Verlag

&

Charisma

1. Auflage 2008
© 2008 Fischermann Verlag und Charisma Verlag
Lektorat, Carola Kieker
Umschlaggestaltung und Reinlayout, Reinhard Burkardt, designdivers.de
Umschlagfoto, andré druschel photography

E-Mail-Kontakt rene@harkins.de

Printed in Germany
ISBN 978-3-00-025502-1

Inhaltsverzeichnis:

Vorwort

Liebe Freunde boten mir im Sommer 2002 in Madrid, Spanien Unterkunft und Platz zum Schreiben meines Buches an. So entstand aus meinen Erinnerungen diese Geschichte einer Suche und einer großartigen Begegnung – die Geschichte meines Lebens.

Sie erreicht für mich ihren Höhepunkt dort, wo ich das fand, was ich mein halbes Leben lang gesucht hatte.

Vielleicht erscheinen oft andere Dinge wichtiger, aber die Frage nach dem Sinn hinter allem, nach dem Sinn des Lebens, dringt doch immer wieder in den Vordergrund. Oftmals wird diese Frage mit oberflächlichen Worten beantwortet, aber es ist zu spüren: „Nein, dahinter muss es doch noch mehr geben". Dieses Empfinden trieb mich an jahrelang zu suchen, immer wieder neu zu prüfen, was sich hinter sogenannten Wahrheiten verbirgt.

Es ist nicht mein Ziel, verschiedene Glaubensrichtungen oder Wege zu kritisieren. Doch bin ich auch nicht bereit, Kompromisse zu schließen, wo es meiner inneren Überzeugung widerspricht, die auf meinen persönlichen Erkenntnissen und Erfahrungen beruht. Ich möchte klarstellen, wie wichtig es meines Erachtens ist, nicht einfach etwas anzunehmen, was sich später als trügerischer „Sicherheitsgurt" erweist, der reißen könnte, wenn es darum geht, ein Menschenleben bzw. meine Seele zu retten.

Dies ist die Geschichte einer Reise, einer Suche nach dem Schatz, nach dem ich mich, seit ich denken kann, sehnte. Es ist eine Odyssee auf dem Weg zu dem Zuhause, das ich immer erahnt habe.

Die Frage, die mich antrieb, lautete: Gibt es eine Wahrheit, die uns den Sinn des Lebens offenbaren kann? Ich konnte mich nicht zufriedengeben, einfach nur zu glauben, ich musste erfahren. Ich wollte es lebendig erfahren. Wollte wissen: Was sind die Unterschiede zwischen den verschiedenen Religionen und verschiedenen Meistern wie zum Beispiel Jesus, Mohammed, Buddha, Krishna und den Lehren über Yoga, Meditation, New-Age? Gibt es einen Gott und wenn ja, warum greift er dann nicht in das Schicksal des Menschen ein? Womit kann der Schrei in meiner Seele beantwortet werden?

In 15 Jahren und über 20 verschiedenen Ländern, die ich bereiste, habe ich festgestellt, dass die tiefen Sehnsüchte der Menschen oftmals gleich sind und dass sie auf die Dauer mit nichts anderem gestillt werden können, als mit etwas Echtem, das wirklich trägt.

Es würde mich freuen, ein wenig Hilfestellung leisten zu können, schneller das Ziel zu finden – wofür ich 15 Jahre brauchte. Mein Wunsch ist es, dass Dinge, die Sie, lieber Leser, liebe Leserin vielleicht schon lange in Ihrem Herzen vermutet haben, bestätigt werden. Begleiten Sie mich doch auf meiner Suche nach der Wahrheit.

Auf der Suche nach Wahrheit

Als ich wieder zu Bewusstsein kam, fand ich mich taumelnd auf einer kleinen Gasse in Nepal wieder, begleitet von zwei Männern, von denen einer ziemlich zornig auf mich zu sein schien. Mich stützend, versuchten sie mir zu helfen, dass ich mein Gleichgewicht wieder fände. Allmählich kam die Erinnerung zurück. Was hatte ich getan? Ein Rückfall: eine Überdosis Heroin!

Eigentlich war ich in Nepal, um buddhistische Meditation zu lernen. Der Lehrgang sollte in wenigen Tagen beginnen, doch die Sucht, die schon seit vielen Jahren ihren Widerhaken in mir hatte, bekam einmal wieder die Oberhand.

Zornig auf mich war der eine Begleiter, den ich nur flüchtig kannte. Ich hatte ihm gesagt, ich könnte schon einen ordentlichen Schuss vertragen und er sollte gut etwas auf den Löffel tun, was dann zu einer Überdosis geführt hatte. Nun mussten meine Begleiter sich bemühen, mich vor dem Tod zu bewahren, indem sie versuchten, mich durch Ohrfeigen und andere Methoden wieder zur Besinnung zu bringen. Langsam kam ich wieder zu mir und sie schleppten mich auf die Straße, wo sie mich meinem weiteren Schicksal überlassen wollten. Irgendwie schaffte ich es, taumelnd zu meinem kleinen Motel zurückzufinden, wo ich bis zum nächsten Tag im Bett blieb.

Als ich so einigermaßen wiederhergestellt war, flammten meine Erwartungen auf die bevorstehende Zeit im buddhistischen Zentrum wieder auf. Ich war seit so vielen Jahren auf der Suche nach Wahrheit, nicht irgendeiner, sondern der Wahrheit, dem Sinn des Lebens. Würde ich sie hier finden oder würde dies wieder nur ein Meilenstein auf meinem Weg zu etwas Höherem sein? Aber zuerst möchte ich doch noch einiges von meinen Anfängen erzählen.

Im Alter von fünf Jahren

Keine „behütete" Kindheit

Die ersten Jahre

Geboren wurde ich am 6. Januar 1960 in Fulda, einer histo
rischen Stadt in Hessen. Meine Mutter, ein „echtes deutsches
Mädel" mit blonden Haaren, erkannte schon bald, dass ihre
Ehe mit meinem Vater kein Zuckerschlecken sein würde.

Mein Vater, geboren auf Korsika, mit polnischer Herkunft
und aufgewachsen in Paris, kam als Emigrant und Staaten-
loser nach Deutschland. Er war zwar ein attraktiver Mann,
neigte aber zu Ausbrüchen von Jähzorn. Die kleinsten Dinge
machten ihn dermaßen zornig, dass sie schlagkräftige Folgen hatten.

In der Tanzbar, die meine Eltern gemeinsam führten, kam es
oft zu handgreiflichen Auseinandersetzungen, wobei mein
Vater manches Mal Gäste krankenhausreif schlug. Leider
blieb auch meine Mutter davon nicht verschont. So war es
nicht selten, dass sie mit einem blauen Auge oder einem
Bluterguss zu sehen war, die sie durch viel Make-up zu ver-

bergen suchte. Ab und zu musste meine Mutter meinen Vater auch aus dem Gefängnis holen wegen irgendeiner Schlägerei oder wegen Spielschulden, die er fortlaufend machte. Es war eine Hölle auf Erden, die nicht zu enden schien. Wenn meine Mutter von Scheidung sprach, drohte ihr mein Vater, sie überall zu finden und sie umzubringen. So lebte meine Mutter in ständiger Angst, betend, dass dies doch ein Ende nähme.

Hoffnung und Hilfe

Vielleicht war es das Gebet, ich weiß es nicht, jedoch gelang es meiner Mutter und mir, meinen Vater zu verlassen. Familienangehörige halfen und ein Polizeihund, der für uns zum ständigen Begleiter wurde. Meine Mutter reichte danach sofort die Scheidung ein, die dann kurze Zeit später auch erfolgte. Somit schien das Schicksal eine Wendung zum Guten zu nehmen.

Ich blieb damals, etwa 5 Jahre alt, von den Wutausbrüchen meines Vaters fast völlig verschont. Er wurde mir gegenüber niemals handgreiflich. Während meine Mutter mit mir schwanger war, schlug er sie allerdings einmal so heftig und trat ihr in den Bauch, dass sie dachte, ich würde es vielleicht nicht überleben. Meine Mutter erzählte mir später, dass ich einmal vor meinem Vater stand, als ich 5 Jahre alt war, und zu ihm sagte: „Wenn ich groß bin, dann werde ich dich umbringen". Er hätte daraufhin starr wie eine Salzsäule dagestanden und hätte nichts darauf erwidert. Ich selbst kann mich heute nicht mehr daran erinnern.

Wir wohnten danach eine Zeit lang bei meiner geliebten Oma, die ein großer Segen für die ganze Familie war. Einen Großteil meiner Kindheit habe ich bei ihr verbracht, woran ich mich heute noch mit Freude in meinem Herzen erinnere.

Meine Mutter lernte zwei Jahre später meinen heutigen Vater, einen amerikanischen Luftwaffensoldaten kennen. Er adoptierte mich und gab mir auch seinen Namen. Er war Berufssoldat und war es daher gewohnt, ein sehr diszipliniertes Leben zu führen. Mir schien es damals allerdings nicht, als ob ich einen neuen Vater bekäme, sondern als ob mir jemand meine Mutter weggenommen hätte. Doch legte sich diese Empfindung recht bald – und heute steht mir mein Adoptivvater sehr nahe. Unsere Familie wuchs: dazu kam ein weiterer Sohn. Meinen Bruder Jim liebe ich sehr und habe ihm heute viel zu verdanken. Er hat mich in all den schwierigen Jahren nicht aufgegeben.

Ich besuchte für einige Jahre die amerikanische Schule in der Fuldakaserne, da ich Englisch lernen sollte, für den Fall, dass wir einmal nach Amerika umziehen würden. Ich erinnere mich daran, dass diese Jahre meine leichtesten und spielerischsten Schuljahre waren. Vor allem im Vergleich zu weiteren Jahren Gymnasium, die auf der deutschen Schule folgen sollten, wo ich gleich im ersten Jahr aufgrund meiner Unaufmerksamkeit sitzen blieb.

Wahrscheinlich hatte es mit dem Schulwechsel zu tun, jedenfalls hatte ich „null Bock" zu lernen, als ich im Alter von 13 Jahren auf das Gymnasium in Fulda kam. Eine gewisse Art von Rebellion gegen Autoritäten machte sich in meinem Leben bemerkbar. Mein Vater wollte, dass ich die Haare kurz tragen sollte, ich wollte sie natürlich lang. Er sagte rechts, ich sagte links. Ich begann mich mehr und mehr abzusondern und meine eigenen Wege zu gehen.

Im Alter von fünfzehn Jahren

Erste Drogenkontakte – und die Folgen

In meinem Elternhaus war der christliche Glaube nicht unbedingt etwas, das gelebt wurde. Ich wuchs sozusagen evangelisch auf, was für uns lediglich bedeutete, sonntags ab und zu in die Kirche zu gehen. Etwas, was ich von damals noch in Erinnerung habe, ist mit anderen auf der letzten Bank Karten zu spielen. Gott war für mich in meinem Teenageralter nicht mehr real. So weit ich weiß, hatte meine Oma, als ich bei ihr wohnte, immer mit mir gebetet: „Ich bin klein, mein Herzlein ist rein, soll niemand darin wohnen als Jesus allein". Wahrscheinlich war für mich als kleines Kind der Glaube eine Sache, die ich gar nicht anzweifelte, was sich, je älter ich wurde, völlig ins Gegenteil verkehrte.

Gerade mal 14, besuchte ich eines Tages ein paar junge amerikanische Soldaten, die in unserem Dorf wohnten. Durch die Jahre auf der amerikanischen Schule beherrschte ich die englische Sprache fließend, was auch zum großen „Vorteil" für spätere Drogengeschäfte mit amerikanischen Soldaten werden sollte. Als ich so da saß, fragte mich einer, der dabei war eine Pfeife zu stopfen, ob ich schon mal Haschisch geraucht hätte. Um nicht wie ein dummer Junge zu wirken, sagte ich: „Na, klar doch". Das, was mir damals voll cool vorkam und was ich später manchmal ein bisschen für den Himmel auf Erden hielt, war der Anfang von einem Teufelskreis, aus dem ich mit eigener Kraft nicht mehr herauskommen konnte. Ich fand Gefallen an Haschisch und Marihuana. Ich begann, diese fast täglich zu konsumieren. Natürlich führte eines zum anderen, und neugierig probierte ich sämtliche Arten von Pillen aus, um dann die höchste Euphorie durch den Gebrauch von LSD zu erleben.

Doch dies war alles Kinderkram im Vergleich zu dem, was noch folgte. Mit 16 machte ich Bekanntschaft mit der so genannten Königin der Drogen, Heroin. Schon der erste Genuss, der erst mal durch die Nase stattfand, berührte etwas tief in mir. Ich empfand ein bisher nicht gekanntes Gefühl von Zufriedenheit, das ich nie mehr entbehren wollte. Leider war das ein großer Trugschluss, der verheerende Folgen haben sollte.

Meinen ersten Schuss setzte ich mir kurze Zeit später in Frankreich, nachdem ich wegen einer heftigen Auseinandersetzung mit meinen Eltern von zu Hause abgehauen war. Ich weiß noch, wie die beiden Jungs, die mir halfen, den ersten Schuss zu setzen, sagten, ich solle stolz darauf sein, mit ihnen an diesem Tag dieses Erlebnis gehabt zu haben. In meinem Unwissen war ich auch stolz.

Drogen wurden jetzt über einen Zeitraum von fast zwanzig Jahren Teil meines Lebens, wie Gefängnisaufenthalte und verschiedene Entziehungskuren. Mit 18 Jahren stand ich wegen eines Beschaffungsdeliktes zum ersten Mal vor Gericht. Es war ein so genannter (zum Glück gescheiterter) versuchter Raubüberfall. Wir hatten versucht, einen Kinobesitzer zu überfallen, der uns größen- und kräftemäßig weitaus überlegen war und uns mit bösen Schimpfworten in die Flucht schlug. Da ich gerade erst 18 Jahre alt war und noch unter das Jugendstrafgesetz fiel, bekam ich nur anderthalb Jahre Haft.

Während dieser Zeit las ich ab und zu in der Bibel, die in meiner Zelle lag. Am meisten sprach mich die Person Jesus an. Das Alte Testament hatte nichts Anziehendes für mich, geschweige denn, dass ich verstehen konnte, worum es dort ging.

Nach sechs Monaten wurde ich entlassen aufgrund einer Haftbeschwerde, die mein Rechtsanwalt eingelegt hatte. Das Verfahren wurde an das Landesgericht weitergeleitet. Ich würde bis zur Revisionsverhandlung (die lange auf sich warten ließ) auf freiem Fuß bleiben können. Dies war nicht unbedingt von großem Vorteil in meinem damaligen Zustand, denn es dauerte keine zwei Stunden nach meiner (vorläufigen) Entlassung, und die Nadel war schon wieder in meinem Arm.

Nach einigen erfolglosen Entzügen handelte ich mir eine Überdosis ein und fand mich in der geschlossenen Abteilung der psychiatrischen Klinik in Kappel bei Marburg wieder. Eine Sozialarbeiterin kümmerte sich dort sehr um mich und bot mir an, nach meiner Entlassung aus Kappel, die nach sechs Wochen erfolgte, bei ihr und ihrem Freund in

Marburg zu wohnen. Ich nahm das Angebot mit Freuden an und schien mein Leben auch für eine gewisse Zeit nach meiner Entlassung auf die Reihe zu bekommen. Aber meine Sucht verlagerte sich nur. Ich begann zu trinken.

Tagsüber hängte ich als Aushilfsarbeiter Weihnachtsbeleuchtungen auf und abends trank ich dann regelmäßig vier bis fünf Flaschen Erdbeerwein, an die ich mich nur bis zur dritten erinnern konnte.

So lernte ich dann auch meine Freundin kennen, Janette, die mich von der Tanzfläche im damals berühmten Millie Vanillie, auf der ich mich volltrunken umherbewegte, mit zu sich nach Hause nahm. Durch die Beziehung zu ihr entstand neue Hoffnung, und ich gab mir alle Mühe, mein Leben in den Griff zu bekommen.

Doch ein paar Tage vor Weihnachten bekam ich den Bescheid, mich im Gefängnis zu melden, um den Rest meiner Strafzeit abzusitzen. Ich hatte nämlich dummerweise in meiner Zeit in der psychiatrischen Klinik meine Revision zurückgezogen, da ich lieber ins Gefängnis wollte, als in der „Klapse" zu bleiben. Dies war ein Fehler gewesen, denn die Anstalt stellte sich ja doch als ganz positiv heraus.

Janette und ich entschieden uns nun, dass ich auf keinen Fall ins Gefängnis zurückgehen sollte. Sie brach ihr Studium ab und wir verließen bei Nacht und Nebel in einem orangefarbenen Käfer Deutschland.

Hier waren die Drogen bereits meine täglichen Begleiter

Neue Länder, neue Erfahrungen

Deutschland, adé

Ich werde das Datum nie vergessen: Es war der 22. Dezember 1979. Wir stoppten auf der Fahrt in Fulda bei meinen Eltern, denen ich Auf Wiedersehen sagen wollte. Als wir geklingelt hatten, öffnete meine Mutter mit vor Freude strahlendem Gesicht die Tür und sagte: „Dies ist das schönste Geburtstagsgeschenk." Ich hatte ihren Geburtstag natürlich vergessen, ließ es mir aber nicht anmerken und entschuldigte mich dafür, kein Geschenk mitgebracht zu haben. Das war meiner Mutter gar nicht so wichtig, denn sie freute sich so sehr, dass ich da war. Ich erzählte meinen Eltern dann von meiner Situation und dem Plan, Deutschland zu verlassen, wonach wir uns mit viel Tränen verabschiedeten. In der gleichen Nacht überquerten wir unbehelligt die deutsch-französische Grenze und machten uns auf in Richtung Spanien.

Mein Vater hatte uns geraten, nach Ibiza zu fahren; jedoch erfuhren wir, dass es im Winter auf den Kanarischen Inseln wesentlich wärmer wäre. So reisten wir weiter nach Gran

Canaria, wo wir uns an einem recht abgelegenen Strand mit Zelt und Kocher ein zeitweiliges Zuhause schufen. Leider ging mein Alkoholkonsum weiter, der sich hier mehr auf Bacardi und andere harte Getränke verlegte. Nach einiger Zeit lernte ich auch Einheimische kennen, die mit Drogen handelten. Ich fungierte danach oft als Vermittler zwischen ihnen und den dortigen Touristen. So konnte ich mir Geld verdienen und weiteren Drogenkonsum leisten, der sich mehr auf Haschisch und Pillen beschränkte. Meine Freundin Janette bekam schließlich Heimweh nach Deutschland, vor allem, da ich fast jeden Abend ohne sie unterwegs war. So beschloss sie die Heimreise anzutreten.

Schließlich allein, traf ich auf einen gleichaltrigen Mann, der recht gut im Drogenbusiness war. Sein Spitzname war „My way" (Mein Weg), da er die Dinge auf seine Art regelte. Eines Tages kam er in einem schönen Jaguar vorgefahren und rief: „Let's go to Ibiza and make some business." Kurze Zeit später waren wir auf dem spanischen Festland, wo wir sozusagen hängen blieben und gute Geschäfte mit Haschisch und LSD machten. Nach Ibiza schafften wir es nie.

Irgendwann geschah das Unvermeidliche und Heroin kam wieder ins Spiel. „My way" war bis dahin davon verschont geblieben, doch nun fing auch er an, Blut zu lecken. So ging nun der alte Kreislauf wieder los, bei dem der nächste Schuss mein tägliches Ziel wurde. Vier Jahre lang, bis ich 24 Jahre alt war, machte ich Drogengeschäfte, die mich nach Holland,

Deutschland, Marokko, oftmals nach Mallorca und immer wieder auf die Kanarischen Inseln führten.

In Deutschland hatte man natürlich einen Haftbefehl für mich ausgestellt, nachdem ich damals meine Gefängnisstrafe nicht angetreten hatte. Es war mir jedoch möglich, mit einem Pass eines Freundes, der mir recht ähnlich sah, jegliche Grenze ungehindert zu überqueren.

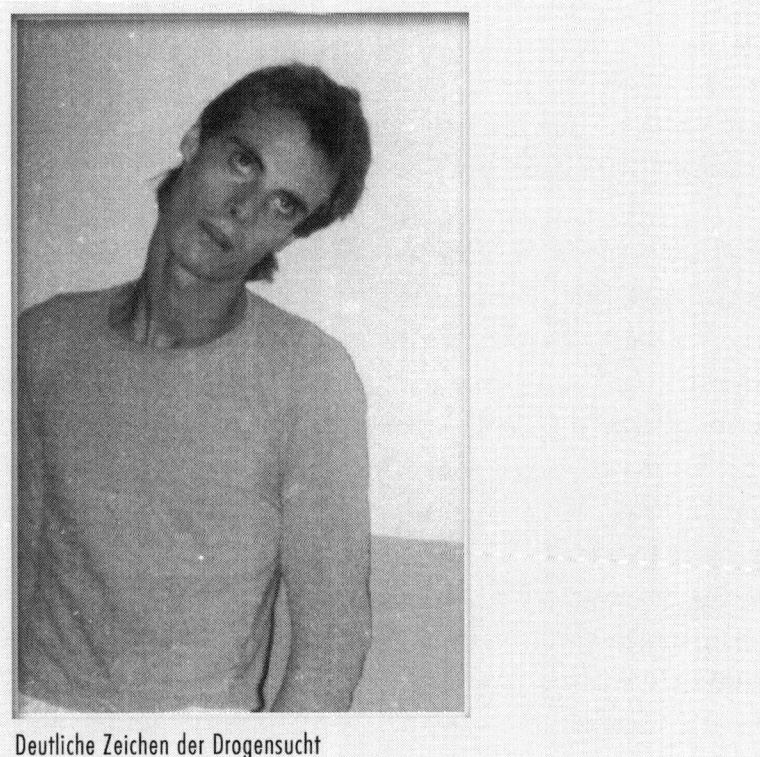

Deutliche Zeichen der Drogensucht

Ein neuer Versuch

Als ich 24 war und auf den Kanarischen Inseln mit einer schweren Hepatitis B kämpfte (zugezogen durch den Tausch von Nadeln beim Fixen), wurde der Wunsch in mir immer stärker, mit meiner Vergangenheit aufzuräumen. Dies führte mich nach langem Ringen nach Deutschland zurück, wo ich mich den Behörden stellte.

So verbrachte ich weitere sechs Monate in Wiesbaden in einer Jugendstrafanstalt und wurde am 22. Dezember, wiederum dem Geburtstag meiner Mutter, entlassen. Die restlichen sechs Monate, die mir von meiner Haftstrafe noch blieben, setzte man drei Jahre zur Bewährung aus.

Meine Eltern nahmen mich bereitwillig wieder bei sich auf, in der Hoffnung, dass jetzt endlich der Anfang zu einem anderen Leben gemacht war. Ich bedauere heute von ganzem Herzen, was ich damals getan habe, und wenn ich es ungeschehen machen könnte, würde ich es tun. Vor allem tut es mir für meine Eltern leid, die über einen langen Zeitraum hin versucht hatten, mir auf jede erdenkliche Art zu helfen. Sie kamen jedoch an ihre Grenzen. Nach außen hin hatte meine Mutter mich damals aufgegeben und wollte mit mir nichts mehr zu tun haben, denn ich war dabei, ihr Leben durch die ständigen Sorgen, die ich ihr machte, zu ruinieren. In ihrem Herzen, weiß ich jedoch, hatte sie immer noch

Hoffnung und betete sicher auch, dass mein Leben doch noch einen anderen Verlauf nehmen würde.

Das schien auch der Fall zu sein. Ich wohnte bei meinen Eltern, arbeitete in einer Fabrik und machte meinen Führerschein. So konnte ich endlich legal Auto fahren, was ich die ganzen Jahre bereits ohne Erlaubnis getan hatte. Ich begann mich außerdem für verschiedene Glaubensrichtungen und Philosophien zu interessieren, und etwas in mir fragte nach dem Sinn des Lebens. Doch leider hatte das Heroin immer noch so etwas wie einen Widerhaken in mir, so dass ich nach einiger Zeit erneut damit anfing.

Ich fuhr schließlich mit einem Freund in meinem neu erworbenen Auto nach Italien, wo wir Heroin kauften und es nach Spanien brachten, um es zu verkaufen. Den größten Teil konsumierten wir allerdings selbst, und das Resultat war, dass die alte Sucht wieder frei ihren Lauf nahm. Ich schaffte es zwischendurch mal für kürzere Zeiten von jeweils ein paar Wochen, die Finger vom Heroin zu lassen, doch es schlug immer wieder zu. Es sollte noch einige Jahre dauern, bis endlich die vollständige Befreiung kam. Zuvor möchte ich noch von einem Ereignis erzählen, das mir bis heute wie ein Wunder erscheint.

Ein Opel, ein Schäferhund und eine Menge Haschisch

Ich habe im Laufe meiner Drogenjahre viele Geschäfte gemacht, wobei ich oftmals Drogen von einem Land in ein anderes schmuggelte. Unter anderem flog ich einmal kurzerhand nach Peru, von wo ich mit einem viertel Kilo Kokain im Gepäck zurück nach Deutschland kam. Tausende LSD-Trips schmuggelte ich von Holland nach Spanien. Mit Drogen zu handeln schien mir damals ganz nahe liegend. Ich dachte sogar, ich würde den Leuten damit einen Gefallen tun, denn schließlich freute ich mich auch immer, wenn ich irgendwo Drogen kaufen konnte. Von Spanien aus brachte ich einmal mit ein paar Freunden 20 Kilo Haschisch nach Deutschland, das damals einen Verkaufswert von circa 100.000 DM hatte. Ich kaufte mir von dem Geld unter anderem einen silberfarbenen Mercedes, der jedoch auch nicht dazu beitragen konnte, die Leere in meinem Herzen zu füllen.

Vielleicht war es dieses Unerfülltsein, ich kann es nicht genau sagen, aber in mir wuchs das Interesse an verschiedenen Glaubensrichtungen und Philosophien. Ich las darüber Bücher und versuchte, Antworten auf tiefer sitzende Fragen in mir zu finden. Mein Drogenkonsum zog sich jedoch wie ein roter Faden durch all diese Jahre und ich machte eine Menge illegale Geschäfte – von denen ich heute wünsche, ich hätte sie niemals gemacht. Ich hatte in diesen Jahren sehr viel

Glück, dass ich dafür nicht im Gefängnis gelandet bin. Das folgende Ereignis ist ein Beispiel dafür, wie nah ich daran war.

Aufenthalt in Lima/Peru

Am Flughafen von Lima mit Kokain im Gepäck

Meine damalige Freundin Sigrun und ich hatten in Marokko eine größere Menge Haschisch besorgt, um diese auf die Kanarischen Inseln zu schmuggeln. Ich hatte das Haschisch in lange, luftdichte Plastikröhren verpackt und im Rücksitz meines damaligen Autos, einem Opel Rekord 2000, versteckt. Wir hatten einen großen Schäferhund dabei, der einem Freund gehörte und den wir nach diesen Ereignissen per Luftfracht nach Deutschland zurückschickten.

Ich ging davon aus, dass wir wie ein unverdächtiges Touristenpärchen aussahen, als wir auf die marokkanische Grenze zufuhren. Der Hund hielt während unserer Reise ungebetene Gäste davon ab, unserem Auto zu nahe zu kommen. Aber er konnte natürlich nicht die Zöllner davon abhalten, sich für unser Auto zu interessieren. Sie reagierten recht sauer, als sie den Hund sahen, wahrscheinlich, weil alles im Auto nach Hund roch und so die Spürhunde beeinträchtigt waren, die Drogen im Auto hätten finden können.

Ob der Hund es auslöste oder nicht, man sagte uns in recht harschem Ton, dass wir den Hund aus dem Auto nehmen sollten, was Sigrun auch tat. Sie stand nun einige Meter entfernt vom Auto und beobachtete mit klopfendem Herzen, was weiter geschah. Der Zöllner begann die Suche im Kofferraum, wo er ohne Zögern mit einem Schraubenzieher herumbohrte, um zu sehen, ob es verborgenen Stauraum gab. Dann wandte er sich dem Inneren des Wagens zu. Und da fing ich bereits an zu beten: „Gott, wenn es dich wirklich gibt und du mich hörst, bitte lass' ein Wunder geschehen."

Der Zöllner war nun dabei, die Rückbank genauer zu untersuchen und fragte mich, wie man sie entfernte. Ich glaube, mein Puls war bei 180 und mein inneres Beten wurde zu verzweifeltem Flehen: „Hilf mir bitte Gott! Ich verspreche dir, dies wird mein letztes Drogengeschäft sein." Ich hob und senkte meine Schultern, um damit anzuzeigen, dass ich es nicht wüsste. Was nun geschah, kann ich nicht genau erklären.

Der Zöllner stand an der Beifahrertür und hatte den Beifahrersitz nach vorne gekippt. Mit seinem Oberkörper nach vorne gebeugt versuchte er, die Rückbank herauszureißen. Er hatte bereits seine Finger zwischen die Bank geschoben und war kurz davor, die Plastikröhren mit dem Haschisch zu berühren. Da geschah das Unglaubliche: Es begann aus heiterem Himmel wie aus Kübeln zu regnen. Der Zöllner stand zur Hälfte in diesem starken Regen, was ihn mehr interessierte, als die weitere Durchsuchung meines Wagens. Mit einem lauten Fluchen entfernte er sich vom Auto und sagte uns, wir sollten machen, dass wir wegkommen. Ich dachte nur: Wenn es diesen Gott wirklich gab, dann hatte er mir wahrhaftig geholfen. Oder handelte es sich doch nur um zufällige, natürliche Ereignisse?

Wir fuhren über die spanische Grenze, wo man uns nur durchwinkte, und dann überkam es mich wie ein Anfall und ich konnte nur noch weinen und weinen. Ich war so dankbar, nicht in einem der marokkanischen Gefängnisse gelandet zu sein, in denen katastrophale Zustände herrschten. Das wusste ich aus Berichten von Europäern, die dort die Hölle durchgemacht hatten.

Wir fuhren mit der Fähre von Cadiz nach Lanzarote zu Freunden. Ich gab das Haschisch weiter und machte damit das letzte Drogengeschäft in meinem Leben, an dem ich Geld verdient habe.

Neubeginn auf Lanzarote?

Manche Freunde hatten mir in früheren Jahren geraten, ich sollte Animateur werden. Ich hätte die Art, mit Menschen umzugehen, die für diesen Beruf geschaffen wäre. Ein Bekannter meiner Eltern hatte mir vorgeschlagen, auf die Animateurschule zu gehen, bei der er Vorsitzender war, um dort eine zweijährige Ausbildung zu machen. Er hätte mich dann in einem guten Klub, Robinson oder Méditerranée, unterbringen können. Natürlich kam das für mich damals nicht in Frage, zwei Jahre Schule erschienen zu viel des Guten für mich und die Drogen waren zu dem Zeitpunkt leider noch viel wichtiger.

Doch welchen Verlauf das Leben manchmal so nimmt: Ein Bekannter, den ich von der Fähre nach Lanzarote kannte, sagte mir, dass in einer bestimmten Klubanlage ein Animateur gesucht würde. Eigentlich war ich ja auf der Insel, um mit meiner Freundin Urlaub zu machen. Ich hatte hier nicht arbeiten wollen, was bis dahin sowieso ein Fremdwort in meinem Leben war. Doch als ich darüber nachdachte, dass ich nun keine Drogengeschäfte mehr machen wollte – das hatte ich in meinem Stoßgebet ja versprochen – und dennoch von irgendetwas leben musste, sah ich mir die Sache mal näher an.

Der Gedanke, auf Lanzarote zu leben, erschien mir gar nicht so übel. Ich sprach also mit dem Direktor des Hotels, dem meine Kenntnisse in Englisch, Deutsch und Spanisch, die ich mir im Laufe der Jahre erworben hatte, sehr gefielen. Er meinte, ich könnte eine klubinterne Ausbildung machen, das hieße von den anderen lernen.

Ich nahm also die Stelle an, und die nun folgenden beiden Jahre wurden die schönsten in meinem damaligen Leben. Meine Freundin Sigrun verließ nach einiger Zeit die Insel und ging zurück nach Deutschland, was mich zuerst sehr traurig machte, jedoch schnell durch die neue Aufgabe in Vergessenheit geriet. Ich lernte sehr viel und hatte großen Spaß, die Gäste zum Beispiel zu Wasserball, Tennis, Bogenschießen und Tischtennis zu animieren und abends für Unterhaltung zu sorgen.

Leider blieben die Drogen weiterhin meine ständigen Begleiter. Ich machte keine Geschäfte mehr, um damit Geld zu verdienen, doch der Eigenkonsum ging weiter, Haschisch täglich und Heroin jeden zweiten Tag. Man könnte denken: Heroin nur alle zwei Tage, das ist nicht möglich. Doch ich war nun bereits 27 Jahre alt und Heroin war seit 11 Jahren mein Begleiter. So hatte ich durch zahlreiche Entzüge, die oftmals mit starken körperlichen Schmerzen verbunden waren, eine gewisse Disziplin entwickelt. Die ermöglichte es mir, einen Tag zu widerstehen, nur um dann am nächsten Tag wieder schwach zu werden. Wohlgemerkt: Ich glaubte bei jedem Schuss bzw. Schnupf fest daran, dies würde der letzte sein. Es ist merkwürdig, wie man sich durch falsche Wahrnehmung über viele Jahre selbst belügen kann, mit der vollen Überzeugung, dass es der Wahrheit entspricht.

So genoss ich mein Leben im Klub und gab mein Gehalt hauptsächlich für Drogen aus. Das hört sich vielleicht gar nicht so schlecht an, doch ich lebte nur aus meinem Gefühl, lediglich für den jeweiligen Tag. Ich versuchte jeden Tag das bestmögliche Gefühl zu erreichen und das gelang mir damals nur in Verbindung mit Drogen.

Theatervorführung

Geistiger Hunger

In dem Hotel, in dem ich als Animateur arbeitete, lernte ich drei junge Frauen kennen, die Urlaub auf Lanzarote machten und alle drei Yoga praktizierten. Ich kannte Yoga bis dahin nur aus Büchern und Erzählungen anderer. Ich hatte mich schon öfter gefragt: Wo komme ich her, wo gehe ich hin und was geschieht nach meinem Tod? Damals erwartete ich allerdings nicht, dass es wirklich Antworten auf diese Fragen gab und ich sie persönlich erfahren würde.

33

Ich interessierte mich sehr für Esoterik, New-Age, Buddhismus und Hinduismus. Schon seit einigen Jahren faszinierte mich auch der Taoismus, eine chinesische Philosophie. Das kleine Büchlein „Tao Te King" mit der Lehre von Laotse war einige Zeit mein ständiger Begleiter. Ich liebte es, darüber nachzudenken, wie das Nennbare aus dem Unnennbaren stammt, handeln, ohne zu handeln, empfangen, indem man sich unten hält und dem Prinzip des Wassers folgt, das sich an der tiefsten Stelle sammelt.

Über die Essener hatte ich auch verschiedene Bücher gelesen. Sie waren eine jüdische Lebensgemeinschaft, die seit dem 2. Jahrhundert v.Chr. am Toten Meer lebte und in der angeblich Jesus seine Kindheit und Jugend verbracht haben sollte. Laut dieser Bücher war Jesus ein Vegetarier gewesen, was ich sehr gut fand, denn das war ich auch schon seit vielen Jahren. Mein Grund dafür war nicht ein gesundheitlicher, was ja völlig meinem Drogenkonsum widersprochen hätte, sondern der Wunsch, die Tiere nicht töten zu müssen. Von allen „Lehrern", die ich damals kennenlernte, war Jesus mir immer der liebste. Ich dachte: Er hat wirklich auf vollständig pazifistische Weise versucht, einen guten Weg zu zeigen, ist dann aber leider am Kreuz gescheitert.

Mit der Freundschaft, die sich mit einer der drei jungen Frauen entwickelte, wuchs auch mein Interesse an Yoga. Die Frauen fuhren nach ein paar Wochen zurück nach Deutschland, doch mein Interesse an Yoga blieb. Ich lernte in einem Esoterik-Zentrum auf Lanzarote ein wenig Hatha und Kundalini Yoga. Diese Techniken weckten in mir ein Gefühl, das ich sonst nur durch den Gebrauch von Drogen kannte. Ich hatte den Eindruck, dadurch innerlich mehr ins Gleichgewicht zu kommen. Ich fühlte mich energetisch so geladen, dass mein Drogendrang vorübergehend an Kraft verlor.

Mich sprach auch die Philosophie sehr an, die den Gedanken von Karma und Reinkarnation in sich trägt: der Glaube, dass alles was wir tun, auf uns zurück kommt. Ich sah eine Ähnlichkeit zum Christentum: Was du säst, das wirst du auch ernten. Im Hinduismus glaubt man an Reinkarnation, dass der Mensch immer wieder und wieder geboren wird, bis er sich eines Tages durch seinen weiterentwickelten geistigen Reifegrad aus dem Rad des Karma, dem Gesetz von Ursache und Wirkung, lösen kann. Im christlichen Glauben gibt es diesen Gedanken allerdings nicht.

Ich dachte, endlich Antworten auf meine tief sitzenden Fragen zu bekommen. Ja, es gab etwas Höheres, man konnte es zwar nicht genau beschreiben oder es wie im Hinduismus mit Tausenden verschiedener Götternamen bezeichnen, doch es war eine Alternative.

Der Wunsch wuchs in mir, sogar Yogalehrer zu werden und dies dann den Menschen zum Beispiel im Klub anzubieten. Viele der Gäste schienen Interesse an Yoga und auch an Meditation zu haben. So entschloss ich mich, zurück nach

Deutschland zu gehen, um eine Ausbildung zum Yogalehrer zu machen. Ich war inzwischen in der Lage, meinen Drogenkonsum zeitweilig einzustellen – abgesehen von Haschisch, das weiterhin wie das tägliche Brot dazugehörte.

Ich reiste zurück nach Deutschland, wo ich in München erst einmal an einem weiteren Grundkurs in Yoga teilnahm. Jedoch war ich von dem deutschen Yogalehrer und der Art, wie er lehrte, recht enttäuscht. Keine der weiteren Schulen in Deutschland, über die ich mich informierte, konnte mich so richtig überzeugen. So entschloss ich mich, in das Land der Yogis und fernöstlichen Meister zu gehen, um dort aus erster Hand zu lernen – nach Indien.

Mein Interesse an Yoga war geweckt

Gurus in Indien

Mitte Dezember befand ich mich schon mit einem Freund, den ich dazu motiviert hatte, im Flugzeug nach Bombay, der Hauptstadt Indiens. Wir hatten uns bereits für eine so genannte Yogalehrerausbildung im Süden Indiens in Kerala angemeldet, die im Januar beginnen sollte. Die Kosten waren erträglich und mithilfe einer Nachzahlung, die ich vom Sozialamt erhalten hatte, war es mir möglich, ein One-way Flugticket zu kaufen. Ich wusste noch nicht, wie lange ich bleiben wollte, und der Rückflug würde schon irgendwie selbst für sich sorgen.

Leider war die Verlockung in Indien so groß, dass wir uns kurz nach unserer Ankunft erst einmal eine gute Menge Heroin und Haschisch für Pfennigbeträge (Rubis) besorgten. Die sollten uns die mehrtägige Fahrt im Zug von Bombay nach Kerala ein wenig angenehmer gestalten. In Kerala angekommen, quartierten wir uns am Kovalam Beach in einem kleinen Zimmer ein. Wir fanden es paradiesisch: Sonne, Meer, Reagge und Drogen, die nur Pfennige kosteten. Wir genossen dieses Leben bis Anfang Januar, als die Satyananda Yogaausbildung begann.

Wir befanden uns dort mit circa 130 weiteren Schülern. Hier wurde die Bhagavad Gita zu unserem Lehrbuch, eine zentrale Schrift des Hinduismus. Die Ausbildung machte ich nur bis zur Hälfte mit, denn ich hatte einiges an dem Lehrer auszusetzen, der aus den Vereinigten Staaten stammte. Es fiel mir nicht immer leicht, mich unterzuordnen, vor allem dann, wenn mir Dinge nicht ganz gerecht erschienen. Außerdem war das angenehme Strandleben so viel verlockender als die harte Disziplin, die im Aschram erwartet wurde. So ging ich zurück zum Strand, wo ich eine ganze Weile leben konnte, denn Unterkunft und Verpflegung kosteten in Indien ebenfalls nur Pfennige und meine mitgebrachten 500 DM reichten lange.

Allerdings wurde der Wunsch wieder stärker, dem eigentlichen Ziel näher zu kommen. Das hieß für mich damals Yoga, wovon ich mir ja immer noch erhoffte, darin die Wahrheit zu entdecken. Meine Reise führte mich weiter in den Ashram von Mata Amritananda zu einer weiblichen Yogini mit einer sehr liebevollen Ausstrahlung. Zu bestimmten Zeiten durfte man sich ihr nähern. Man wartete dann mit vielen anderen darauf, dass man an die Reihe kam. Die Energie, die von ihr ausging, berührte das Herz, sodass die Schüler oftmals laut weinend in ihren Armen lagen, und die tiefe Sehnsucht nach bedingungsloser Liebe ein wenig gestillt zu werden schien.

So kam ich in verschiedene weitere Aschrams, die vergleichbar mit Klöstern sind, und dem Ziel dienen, gemeinsam geistig zu wachsen. Meistens haben diese Aschrams einen Guru, Meister genannt, der ihn leitet. Der Guru hat einen hohen Bewusstseinsgrad erreicht und verkörpert somit angeblich Gott. Durch ihn soll das Göttliche sprechen, und er soll seine Schüler auf dem Weg zum höheren Bewusstsein leiten. Er wird meistens verehrt oder verherrlicht und angebetet. Oftmals geht eine starke, sehr spürbare Energie von ihm aus. Manche Meister besitzen angeblich auch die Fähigkeit, Dinge aus dem Nichts zu manifestieren, was natürlich sehr beeindruckend ist.

Überall in diesen Aschrams begegneten mir viele Suchende aus Europa und den USA. Sie waren alle sehr angetan von den Lehren dieser östlichen Meister und Meisterinnen. Für viele stellte es eine greifbare und spürbare Alternative dar zu dem bei uns in Europa oftmals sehr trocken vermittelten christlichen Glauben. So war es auch für mich, denn das, was das Christentum zu bieten hatte, sprach mich nicht sehr an. Ich fand zwar Jesus als Lehrer vorbildhaft, doch die Menschen, die versuchten mir von ihm zu erzählen, wirkten auf mich nicht immer so anziehend. Ich hatte viele heiße Debatten mit ihnen, wovon die meisten in Disharmonie endeten.

In Kalkutta bei Mutter Teresa

Ich besuchte auch einen so genannten christlichen Aschram in Tiruchirapalli, ebenfalls im Süden Indiens, der von Father Bete Griffith, einem englischen Benediktinermönch, geleitet wurde. Der alte Mann mit weißen Haaren und einem langen weißen Bart unterschied sich von den anderen Yogis durch seine auffallende Demut. Er ließ sich auch nicht verehren, sondern schien auf der gleichen Ebene mit uns zu leben. Er versuchte, Hinduismus und Buddhismus mit dem christlichen Glauben zu verbinden, was ich damals noch für möglich hielt. Es herrschte hier ein besonderer Frieden; es war keine starke Energie zu spüren, doch ich hatte das Gefühl, dass Gott hier zu Hause war. Ich blieb dort fast einen Monat lang und lauschte jeden Tag den Worten von Father Griffith, wenn er versuchte biblische Wahrheiten zu offenbaren.

Von dort führte mich meine Reise nach Kalkutta, wo ich in meiner Herberge Amerikanern begegnete, die in den Häusern von Mutter Teresa arbeiteten. Ich fand großes Interesse daran und machte mich auf, um meine Dienste freiwillig anzubieten. Ich befand mich mit einigen anderen Europäern unter der Leitung der Schwestern, die uns zu Diensten in verschiedenen Häusern einteilten. Ich hatte mir ein wenig zu viel zugemutet, denn als ich an der mir zugeteilten Arbeitsstätte eintraf und das übergroße Ausmaß an Not sah, war ich völlig überfordert. Es war ein Haus, in dem man sich um kranke Jugendliche kümmerte. Ich war sehr beeindruckt von den vielen Europäern, die ihren Urlaub dafür hingaben, um hier zu helfen. Manche hatten sich sogar zwei bis drei Monate freigenommen von ihrem normalen Arbeitsleben. Ihre Motive schienen von denen der Europäer in den Aschrams völlig verschieden zu sein. Ich war zutiefst beeindruckt, jedoch so mit der Aufgabe überfordert, dass ich betrübt weiterzog.

Mein nächstes Ziel auf dem Halbkontinent sollte Nepal sein, wo ich buddhistische Meditation lernen wollte. Das bringt uns zurück zur Geschichte am Beginn dieses Buches.

Mein geistiges Erwachen beginnt

Ich hatte mir also eine Überdosis Heroin gesetzt und fand mich dann taumelnd auf den Straßen Nepals wieder. Nachdem ich mich in meinem Motel ein paar Tage lang davon erholt hatte, brach ich in die Berge auf, in ein buddhistisches Zentrum, wo ich Vipassana Meditation lernte. Diese Technik hat Buddha angeblich seinen Jüngern weitergegeben.

Für mich bedeutete es, dass ich die nächsten zehn Tage nicht sprechen und keine Musik hören durfte und mich von jedem Kontakt mit anderen Teilnehmern fernhalten sollte. An diesen Tagen verbrachten wir Schüler bis zu neun Stunden im Schneidersitz, in reiner Meditation. Die Technik, die wir lernten, sollte dazu beitragen, uns von unserer inneren Dunkelheit zu reinigen. Mit dieser Technik, die Geist und Körper umfasste, sollte der innere Mensch Ebene um Ebene gereinigt und gleichzeitig die Fähigkeit entwickelt werden, die Gedanken unter Kontrolle zu bekommen.

Es war tatsächlich ein besonderes Erlebnis, das mir ein wenig Einsicht in die buddhistische Meditation und den damit verbundenen Glauben gab. Der Buddhist glaubt nicht an einen Schöpfer und somit auch nicht an Erlösung durch Gnade. Er befindet sich ebenfalls wie im Hinduismus im Rad des Karma, einem Gesetz von Ursache und Wirkung, und muss viele Male wieder geboren werden, sich dabei immer weiterentwickeln in seinem Bewusstsein, um dann schließlich angeblich den höchsten Punkt zu erreichen, das Nirvana, den Zustand der Zustandslosigkeit. Da angelangt, hat er alle Bedürfnisse überwunden, die ihn noch an das Karma binden könnten. Er hat den Kreislauf von Leben, Tod und Wiedergeburt verlassen.

Mir kam ein bildlicher Gedanke in Bezug auf diesen Weg: als würde man Wäsche mit kaltem Wasser waschen. Um tief sitzende Flecken zu reinigen, bedurfte es immer und immer wieder des festen Reibens, ohne sicher zu sein, dass sich alles löst. Eine sehr mühselige und zeitaufwendige Arbeit ohne Garantie auf 100-prozentigen Erfolg. Wesentlich leichter und effektiver wäre es, heißes Wasser zu nehmen, mit dem man nur einmal waschen müsste, um vollständig zu reinigen.

Nachdem mir eine Freundin bereitwillig Geld geschickt hatte, flog ich nach sechs Monaten Indienaufenthalt zurück nach Deutschland. Ich hatte das Gefühl, ein ganzes Stück auf meinem Weg weitergekommen zu sein. Trotzdem konnte dies noch nicht die ganze Wahrheit über mein Lebensziel gewesen sein. Das bisher Erfahrene kam mir wie etwas vor, das ich nur zeitweise in der Hand halten konnte. Dabei schien es recht klar zu sein und einige Fragen zu beantworten. Doch im nächsten Moment glitt es mir aus den Händen und ich wusste eigentlich gar nichts. Mir war so, als würde ich auf Sand stehen, haltlos.

Etwas Gutes hatte die Zeit in Indien auf jeden Fall: Meine Heroinsucht schien zumindest vorübergehend unter Kontrolle zu sein. Mein Wunsch nach Wahrheit war zu dieser Zeit stärker als die Sucht. Doch wie lange? Würde dieses Kapitel „Drogen" jemals ein Ende finden? Und wie stand es mit dem Sinn des Lebens, würde ich ihn finden?

Bei einer Yogameisterin in Griechenland

Ich hatte die ganze Zeit über Kontakt zu der Freundin gehalten, die damals auf Lanzarote mein Interesse für Yoga geweckt hatte. Während eines Telefonats erzählte sie mir, dass ihre Yogameisterin bald nach Deutschland käme, um einen Vortrag in ihrer Stadt zu halten. Kurz entschlossen machte ich mich auf den Weg und konnte sie dann auch kennenlernen. Sie stammte aus Australien und wurde in Indien bei einem Guru in die Praktiken des Yoga eingeweiht.

Es war eine besondere Begegnung, und ich war angetan von ihrer Ausstrahlung, die ich als sehr rein empfand. Sie lud mich daraufhin nach Griechenland ein, um dort an einer weiteren Yogaausbildung teilzunehmen. Ich hatte dafür eigentlich kein Geld, aber sie sagte, ich müsse mir darüber keine Gedanken machen. Ein paar Tage später saß ich mit ihr im Flugzeug auf dem Weg nach Griechenland, wo ich einen Monat verbrachte, um mehr über Yoga und den fernöstlichen Glauben zu lernen.

Unter all den Gurus und Lehrern, die mir begegnet waren oder von denen ich gelesen hatte, war für mich Jesus weiterhin herausgehoben. Er war in meinen Augen der liebevollste unter ihnen. So war ich angenehm überrascht, als die Meisterin in ihrem Aschram sehr viel von den hinduistischen Lehren mit den Lehren Jesu verglich und auch verschiedene Gleichnisse aus der Bibel zitierte.

Ich praktizierte jeden Tag Yoga und durchlief einige sehr intensive Reinigungsvorgänge, in welchen bestimmte körperliche Organe fast den Grad der Reinheit bei der Geburt eines Neugeborenen wiedererlangen sollten. Ich war von allem sehr angesprochen, bis eines Tages die Rede auf ihren Meister kam, der in Indien lebte. Etwas an ihm kam mir seltsam vor, besonders als es so dargestellt wurde, dass er besser und weiter fortgeschritten sei als Jesus selbst. Irgendetwas in mir sträubte sich, als ob etwas hier nicht der Wahrheit entspräche. Impulsiv wie ich war, packte ich meine Sachen und machte mich 1992 wieder einmal auf den Heimweg nach Deutschland, mit neuen Erfahrungen im Rucksack, die keiner mir nehmen konnte.

In Südindien hatte ich ja eine Yogaausbildung begonnen, jedoch nicht beendet. Ich hatte schon den gesamten Kurs bezahlt und so gab man mir die Möglichkeit, die Ausbildung zu einem späteren Zeitpunkt noch einmal mitzumachen. Dieser Kurs wurde in vielen Ländern angeboten, da diese Organisation Aschrams in vielen Teilen der Welt hatte.

So begann ich den Kurs in den USA erneut, in New York, wo mir derselbe Leiter von damals wieder begegnete und ich diesmal mit Erfolg abschloss. Auch dort hatte ich Zweifel in Bezug auf einige Inhalte der Lehre. Doch ich beendete den Kurs und machte mich auf den Weg an die Westküste Amerikas, wo ich in Los Angeles und San Francisco verschiedene New-Age (neues Zeitalter) Gemeinschaften besuchte.

In einer dieser Gemeinschaften wurde der Glaube vertreten, dass der Mensch selber Gott sei und lediglich zu dieser Erkenntnis kommen müsse. Ähnlich wie in vielen östlichen Philosophien gab es auch den Gedanken der Reinkarnation: Wir kommen immer wieder auf diese Erde zurück, bis wir unsere Aufgabe ganz erfüllt haben. Auch hier galten alle Meister als hoch entwickelte Menschen, die versuchen einen guten Weg vorzuleben.

Ich verbrachte einige Wochen in dieser Gemeinschaft, fand jedoch auch hier nicht, was ich suchte, und so kehrte ich wieder einmal zurück nach Deutschland. Dort bekam ich eine Stelle als Freizeitgestalter in einem kleinen Hotel. Meine Nase steckte ich zeitweise leider wieder ins Heroin.

Zurück in Deutschland

„Du kannst die Wahrheit erfahren"

Nach all den Jahren des Suchens auf so vielen verschiedenen Wegen war in meinem Herzen immer noch ein Vakuum. Ich machte Erfahrungen zum Beispiel mit dem chinesischen I Ging, den Tarot Karten von Aleister Crowley und interessierte mich für die Lehren von Krishnamurti und dem damals berühmten Bhagwan.

Das Fazit aus meinen Erfahrungen bis zu diesem Zeitpunkt könnte man so formulieren: Es gibt auf jeden Fall mehr, als man mit dem bloßen Auge sehen kann. Es gibt eine höhere Kraft, davon war ich überzeugt. Welchen Namen diese Kraft trug, konnte ich nicht sagen. Ob es einfach eine fließende Energie war oder ob sich dahinter ein lebendiges Wesen verbarg, auch darüber war ich mir nicht im Klaren. Jedenfalls schien diese Kraft zu wirken, und ich konnte sie in all den verschiedenen Religionen erleben.

So kam ich zu der Annahme, dass alle Religionen einen Teil der Wahrheit in sich bergen bzw. offenbaren. Keine erschien die einzig wahre zu sein. Ich glaubte, dass all die verschiedenen Lehrer, ob Buddha, Jesus, Krishna, Mohammed oder Laotse von der gleichen Energie inspiriert und eigentlich wie Brüder seien. Jeder versuchte den Menschen zu helfen und ihnen einen Weg zu besserem Leben zu zeigen. Ich ging davon aus, dass alle diese Wege schließlich zum gleichen Ziel führen würden. Auch war ich der Meinung, dass der Mensch immer wieder auf der Erde geboren wird, und sich durch diese Reinkarnationen Stück für Stück weiterentwickeln muss. So könnte er von Leben zu Leben auf eine höhere Ebene des Bewusstseins gelangen, bis er sich eines Tages aus diesem Rad der Wiedergeburt lösen könne, um dann auf der höchsten Ebene, im Nirvana, Himmel, Paradies – wie man es auch immer nennen mochte – zu bleiben.

Obwohl ich so viele Erfahrungen gemacht und meiner Ansicht nach auch einiges gelernt hatte, war nichts davon wirklich greifbar. Nichts, woran man sich festhalten konnte, mit der Gewissheit: Das ist es, wonach ich suche. Das Fundament meines gemischten Glaubens aus so vielen verschiedenen Richtungen schien sich bei dem kleinsten Wind zu zerstreuen. Ich kam mir vor wie jemand, der sich in einem riesigen dunklen Raum befindet und versucht zu sehen. Meine kleine Kerze spendet mir ein wenig Licht, doch plötzlich kommt ein Windhauch und meine Kerze verlischt und ich stehe im Dunkeln. Darauf versuche ich, mein Licht wieder anzuzünden, zum Beispiel durch Yoga oder durch Meditation. Es brennt erneut, und ich sehe wieder ein wenig. Doch ein weiterer Windhauch – und ich stehe wiederum im Dunkeln.

Ich frage mich, wie vielen suchenden Menschen es so geht: Nichts wahrhaftig Greifbares zu haben, etwas woran man sich festhalten kann. Nur all die vielen Richtungen, Religionen, Philosophien, die behaupten, sie seien die Wahrheit, die zum Ziel führt. Welches Ziel denn eigentlich? Erleuchtung, Paradies, Himmel, ewiger Zustand des Segens, Umherschweben im Kosmos, ewiges Leben? Ich war nach wie vor der Meinung, es müsse doch etwas wirklich Echtes und Erfahrbares geben. Ich war nicht mehr weit davon entfernt, etwas ganz Besonderes zu erfahren. Etwas, womit ich gar nicht gerechnet hatte.

Die Berührung eines Unbekannten

Eine ganz andere Art von Spur hinterließ die folgende Geschichte in meinem Leben. Als ich wieder in Deutschland wohnte, ging ich sonntags manchmal in eine katholische Gemeinde, die nicht weit von meiner Wohnung entfernt war. Die lockere und offene Art des dortigen Pfarrers, Winfried Abel, sprach mich sehr an. Da ich Jesus sowieso immer für recht cool hielt, hörte ich gerne Geschichten von ihm. Pfarrer Abel hatte eine sehr lebendige Art, die Dinge aus der Bibel mitzuteilen, sodass man sie auch verstehen konnte.

Trotz meines Drogenkonsums fühlte ich mich immer wieder davon angezogen. Manchmal ging ich am Sonntag erst in die Gemeinde und danach zu meinem Dealer, um mir Heroin zu kaufen. Vielleicht erscheint das merkwürdig, aber ein Mensch, der Drogen nimmt, sucht im Grunde trotzdem weiter nach den gleichen Dingen, nach denen andere auch suchen – und bei mir war das die echte, felsenfeste Wahrheit, von der ich immer noch glaubte, dass es sie geben musste.

Pfarrer Abel besuchte mich eines Tages in meiner Wohnung. Wir tranken gemeinsam Tee und ich erzählte von meinem Glauben, der sich wahrscheinlich wie ein bunter Haufen verschiedener Fundstücke für ihn anhörte. Pfarrer Abel hörte mir ganz gelassen zu und machte keine kritischen Bemerkungen. Er sagte mir nur, dass der Weg des Buddhisten ein sehr schwieriger Weg sei und es wahrscheinlich nur ganz wenige schafften ihn zu gehen. Als Pfarrer Abel sich schon auf den Weg nach Hause machen wollte, fragte er, ob er für mich beten könnte. Ich sagte ja.

Ich stand vor ihm und er sprach ein kurzes Gebet, das er mit den sehr vertrauten Worten beendete: „Sei gesegnet im Namen des Vaters, des Sohnes und des Heiligen Geistes." Als er das ausgesprochen hatte, fühlte ich plötzlich etwas, das ich einen sanften Hauch der Liebe nennen würde, wie eine unsichtbare Hand, die sich auf meinen Kopf legte. Ich stand da und mir liefen die Tränen über das Gesicht. Ich wusste nicht genau, was geschehen war. Heute würde ich es mit den Worten beschreiben: „Gott hat mich berührt". Natürlich könnte man fragen: Wer weiß schon genau, was da geschah? Vielleicht war ich einfach nur emotional berührt. Doch davon würde ich in meinem Leben noch viel mehr erfahren, und diese Begegnung war nur eine kleine Kostprobe dessen, was noch kommen sollte.

Vor dem Umzug in die USA

In Amerika

Gott greift in mein Leben ein

Im Dezember 1994 luden meine Eltern mich in die Vereinigten Staaten ein, um Weihnachten mit ihnen zu verbringen. Sie waren inzwischen nach Tampa, Florida umgezogen. Hier sollte mein Lebensweg eine entscheidende Wende nehmen.

Ich saß am Heiligen Abend mit meinen Eltern und einer Cousine zusammen. Ich sprach mit ihr über meinen Glauben, mein Lieblingsthema zu der Zeit, dass nämlich Buddha, Jesus, Mohammed, Krishna und all die großen Lehrer zusammen an einem Tisch säßen wie Brüder. Über ihnen allen wäre ein Gott oder irgendeine göttliche Kraft, der sie alle angehörten. Ich trat mit Überzeugung für die Reinkarnation ein, sagte, ich sei schon viele Male auf dieser Erde gewesen.

Meine Cousine war allerdings ganz anderer Meinung. Sie erzählte mir das, was ich schon so oft gehört hatte, aber, um ehrlich zu sein, nie annehmen wollte und nicht verstehen konnte. Sie sagte, es gehe wirklich nur um den Einen, um

Jesus Christus. Er ist wahrhaftig der Sohn Gottes, er ist der Weg, die Wahrheit und das Leben und keiner kommt zum Vater als durch ihn. Ich dachte: Ja, ja, das haben mir schon so viele erzählt, ich kann es nicht mehr hören. Ja, ich glaubte, dass Jesus ein Großer sei, aber der Einzige? Nein, das konnte nicht in meinen Verstand hinein.

So fragte meine Cousine mich schließlich, ob ich nicht zu ihnen nach Florida kommen wollte, um bei ihnen zu wohnen. Ich sei viel gereist in meinem Leben, so wäre es keine große Sache für mich, in die USA zu kommen, um dort zu leben. Wenn es mir nicht gefiele, könnte ich ja wieder abreisen. Sie meinte außerdem, vielleicht bekäme ich ja endlich die Antwort auf meine Fragen. Das Angebot gefiel mir.

Ich ging zuerst zurück nach Deutschland, aber zwei Monate später war ich auf dem Weg in die USA. Als ich nach Florida kam, hatte ich gerade ein Methadon-Programm in Deutschland beendet, das als Alternative zum Heroin diente: Man bekommt vom Arzt eine tägliche Dosis Methadon, die den Wunsch nach Heroin unterdrückt. Viele Heroinsüchtige versuchen, auf diese Art die Sucht in den Griff zu bekommen, doch leider sind die Erfolge sehr begrenzt. Auch ich habe während meiner Methadonbehandlung immer wieder zum Heroin gegriffen. Zwar war die Sucht durch das Methadon gedämpfter, jedoch nach wie vor gegenwärtig. Da der Arzt mich bereits fast auf null heruntergedosiert hatte, blieben mir so gut wie keine Entzugserscheinungen, außer einige Schlafstörungen, die über einen Zeitraum von mehreren Monaten anhielten. Rauchen tat ich noch mit vollem Genuss, hoffend, dass sich auch das eines Tages ändern würde.

Ich kam in die Staaten mit dem Gedanken: Wenn an meinem Glauben etwas nicht stimmt, dann möchte ich die Wahrheit wissen. Ich sagte sogar ein Gebet, ungefähr so: „Gott, wenn du wirklich lebendig bist und das mit Jesus der Wahrheit entspricht, bitte zeig mir das. Ich bin Deutscher, habe einen großen Kopf, wie man so schön sagt, und kann nicht einfach so alles glauben. Ich brauche spürbare Beweise". Wer hätte ahnen können, dass ich mehr Beweise bekommen würde, als ich es mir hatte träumen lassen.

Es begann damit, dass ich Sonntag morgens mit meiner Cousine und ihrem Mann in die Gemeinde ging. Sie gehörten zu einer charismatischen Methodisten-Gemeinde mit ungefähr 300 Mitgliedern, eine „ganz normale" Gemeinde von vielen. Es hätte genauso eine Baptisten-, lutherische oder katholische Gemeinde sein können, wovon es in Amerika Tausende gibt. Was dann jeden Sonntag geschah, setzte eine völlige Veränderung in meinem Leben in Gang und brachte meinen bisherigen Glauben ins Wanken. Jedes Mal, wenn der Lobpreis begann, wenn also die Gemeinde in Begleitung der Band Lieder über Gott zu singen begann, spürte ich eine sanfte Berührung. Die hatte ich bereits einmal zuvor bei dem Besuch von Pfarrer Abel erfahren. Es war, als ob mich eine unsichtbare Hand ganz sanft streichelte, wobei mir die Tränen übers Gesicht liefen. Das geschah Sonntag für Sonntag. Ich war machtlos gegen die Tränen, wollte aber zugleich von meiner Art des Glaubens nicht ablassen.

Verschiedene Gemeindemitglieder versuchten, mir durch erklärende Worte zu helfen, das Ganze zu verstehen. In ihren Augen schien es ganz normal zu sein, was mit mir passierte. Ich jedoch hatte große Zweifel.

Es fällt mir nicht leicht, mit Worten zu erklären, was ich damals erlebte. Regelmäßig wurde ich tief in meinem Herzen berührt. Ich erlebte eine zuvor nicht gekannte Geborgenheit. Um es in einem Bild auszudrücken: Es war wie der Wind, ich konnte ihn nicht sehen, doch spürte ich seine Gegenwart. Würde man zweifeln, dass es den Wind gibt, da man ihn ja nicht sehen kann? Nein, natürlich nicht, denn man spürt ihn und kann seine Wirkung erleben. Ich konnte ihn nicht greifen, doch konnte ich die Resultate seines Wirkens direkt vor Augen sehen.

Ich konnte es erleben durch die Menschen, mit denen ich zu tun hatte, durch Einzelne, zu denen ich anfing eine Beziehung aufzubauen. Ich durfte erleben, wie aus dem Unsichtbaren heraus Ereignisse geführt wurden. Später verstand ich, dass diese unsichtbare Führung schon viel früher in meinem Leben gewirkt hatte, ich mir dessen aber nicht bewusst gewesen war.

Es war, als ob jemand tatsächlich größtes Interesse daran hätte, mir in allem wohl zu tun. Wenn ich mich dem hingab, durfte ich erleben, wie mich eine bedingungslose Liebe einhüllte. Es kam mir mehr und mehr so vor, als ob der Schöpfer des Universums dabei war, sich mir zu offenbaren. Als ob jeden Sonntag der lebendige Gott, der Vater, seine Hände auf mich legte und mich umarmte. Manchmal konnte ich mir in meinen Gedanken vorstellen, wie Jesus dastand mit offenen Armen, darauf wartend, dass ich die Umarmung annehme. Mein Innerstes hatte sich nach dieser Annahme gesehnt und nun erlebte ich sie tatsächlich. Ich konnte es kaum glauben. Dann kamen mir Worte in den Sinn: „Lange habe ICH auf dich gewartet, endlich bist du nach Hause gekommen, du hast das Ziel endlich erreicht."

Es kamen auch immer wieder Zeiten, in denen ich dachte: Das kann doch gar nicht wahr sein, dass Gott lebt und ich ihn wirklich spüren kann. Mein Verstand versuchte immer wieder, das Ganze zu rationalisieren, mit dem Gedanken: Ich bilde mir das sicher alles nur ein. Doch nachdem ich Gottes Wirken über einen längeren Zeitraum tagtäglich immer wieder erlebte, lösten sich die Zweifel allmählich auf. Außerdem war ich ja auch nicht der einzige Mensch, der diese Erfahrung machte, sondern Hunderte von Menschen, mit denen ich zu tun hatte, erlebten es genauso.

Mein neues Leben

Es begann für mich ein langsamer Prozess der Wandlung. Nicht von einem Tag auf den anderen, sondern Stück für Stück vollzog sich eine Veränderung. Mir war mittlerweile ohne Zweifel klar, dass Gott lebt und Interesse daran hat, mir zu helfen. Es ging nun darum, dass ich ihm vertrauen sollte, indem ich mein Leben seinem Schutz und seiner Leitung übergebe. Davor hatte ich ein wenig Angst, denn ich hatte über die Märtyrer und ihre vielen Leiden und ihren oft grausamen Tod für ihren Glauben gelesen. Ich war mir nicht sicher, was er mit meinem Leben vorhatte. Ich fürchtete mich nur, weil ich ihn noch nicht wirklich kannte. Weil er aber tagtäglich in meinem Leben spürbar war und ich das allmählich bewusster wahrnahm, wuchs langsam aber sicher das Vertrauen, dass er bei allem, was er tat, Gutes mit mir vorhatte.

Wir haben heute so viele Stellen, die uns Hilfe anbieten, von Psychologen bis zu spirituellen Heilern, verschiedenen Religionen, Sekten, Philosophien, und jeder kann sich das heraussuchen, was ihm am besten passt. Wir haben den freien Willen uns selbst zu entscheiden. Aber wie findet man sich in diesem ganzen Wirrwarr zurecht? Ich durfte es nach diesen vielen Jahren der unerfüllten Sehnsucht endlich erleben. Der mich gemacht hatte, nahm sich meiner an.

Mir wurde klar, dass es Gottes größter Wunsch war, mich in eine echte Beziehung mit ihm zu führen, dass er mich dafür geschaffen hatte. Und nicht nur mich, sondern alle Menschen. Der Schöpfer des Universums hat uns Menschen geschaffen, damit wir eine Herz-zu-Herz-Beziehung mit ihm haben. Dieser Gedanke ist heute noch genauso kraftvoll und großartig für mich, wie er es damals war.

Auch wenn ich ab und zu wieder dachte: Das ist zu schön, um wahr zu sein, wurde ich durch seine spürbare Gegenwart eines Besseren belehrt. Ich erfuhr nun auch, dass die Bibel tatsächlich das Wort Gottes ist und dass sie als Wegweiser für den Menschen dienen soll. Das anzunehmen fiel mir früher sehr schwer, denn die Bibel schien mir voll von Gewalt und Blut zu sein, zumindest im Alten Testament. Wenn ich früher mal die Bibel in die Hand genommen hatte, fand ich nur vereinzelte Passagen von Jesus, die ich annehmen und verstehen konnte. Vieles kam mir sehr „spanisch" vor, doch das änderte sich nun. Es war, als würde die Glasscheibe, die von Schmutz bedeckt war, plötzlich klar und durchsichtig.

Natürlich standen mir auch verschiedene Menschen zur Seite, darunter ein Evangelist aus Südafrika, John Potter, der für ein Jahr mit seiner Frau und seinen drei Töchtern in der Gemeinde mitarbeitete. Er erkannte genau, was in meinem Leben mein größtes Problem war und wo ich anfangen sollte aufzuräumen.

Mir wurde wirklich bewusst, dass ich ein Sünder war. Dies mag vielleicht so manch einer nicht hören wollen – ich wollte es lange Zeit auch nicht – doch kein Mensch kann vor dieser Tatsache fliehen. Das Wort „Sünde" bedeutet in seinem griechischen Ursprung: das Ziel zu verfehlen. Dazu kann ich nur sagen: Ich habe das Ziel in meinem Leben immer und immer wieder verfehlt. Angefangen von der kleinsten Lüge bis zu meinem Drogenleben – in all diesen Dingen hatte ich das Ziel verfehlt. In meinen Beziehungen mit verschiedenen Frauen, die oftmals unter meiner selbstgerechten Art leiden mussten, bis hin zu völlig egoistischem Handeln. Eigentlich drehte sich mein Leben nur um mich selbst. Ich selbst war mir immer der Nächste, was in unserer Gesellschaft nicht so unüblich ist. Aber ich fing nun an, das in einem ganz anderen Licht zu sehen. Mir wurde auch klar: Wenn Gott mich für mein Verhalten jemals zur Rechenschaft ziehen würde, könnte dies ernsthafte Konsequenzen haben.

John Potter stellte mir eines Tages die Frage, ob ich wüsste, wohin ich gehen würde, wenn ich jetzt sterbe. Daraufhin antwortete ich: „Ich bin mir nicht sicher, aber hoffentlich in den Himmel." Die Antwort darauf war: „Gott möchte, dass du es sicher weißt." John fragte mich: „René, wenn du jetzt sterben würdest und kommst an die Tür des Himmels, wo ein Apostel dich fragt: ‚Warum soll ich dich hereinlassen?', was wäre deine Antwort? Gib dir selber eine Antwort und vergleiche sie dann mit meiner."

Ich antwortete: „Ich denke, ich habe ein gutes Herz, versuche eigentlich das Richtige zu tun, glaube ja schon an Gott, gehe manchmal in die Kirche, bete und lese auch ab und zu in der Bibel." Was John Potter daraufhin sagte, gab mir ganz schön zu denken: „Es gibt nur einen einzigen Grund, warum du in den Himmel kannst, und das ist, weil Jesus Christus, der Sohn Gottes, für dich persönlich gestorben ist. Er ist auf die Erde gekommen und hat all deine Schuld auf sich genommen, die Bestrafung, die du verdient hast. Er ist am Kreuz gestorben, und am dritten Tag hat Gott ihn wieder zum Leben auferweckt. Nur durch ihn, durch sein Blut, bekommst du Zugang zum Himmel. Es ist ein Geschenk, das man im Glauben annimmt, das heißt, man bekommt etwas, ohne es verdient zu haben. Jeder Mensch kann es annehmen, indem er an den Sohn Gottes glaubt. Es gibt nichts, was der Mensch aus eigener Kraft tun kann, um nach dem Tod bei Gott zu sein. Keine noch so große Anstrengung, keine Technik, keine wilde Philosophie, nichts."

Mir wurde klar, dass es einen ganz großen Unterschied zu all den anderen Glaubensrichtungen gibt. Die anderen Religionen und Philosophien vermitteln uns, dass wir aus eigener Kraft in den Himmel oder zu einem Zustand des ewigen Glücks kommen können. Die Menschen versuchen durch ihre persönlichen Anstrengungen zu Gott zu gelangen oder, wie manche sogar glauben, selber zu Gott werden. Aber der Mensch kann es gar nicht aus eigener Kraft schaffen. Kein Mensch auf dieser Erde hätte es verdient, in den Himmel zu kommen. Es ist ein Geschenk, das Gott uns in seiner Liebe gibt. Diese Dinge brauchten Zeit, bis ich sie ganz verstehen konnte. Mir ist klar, dass ich nicht mit meinen Worten überzeugen kann, aber vielleicht kann ich Interesse, Neugier wecken. Denn jeder kann diese Erfahrungen machen.

Kampf der Gedanken

Sonntags in der Gemeinde spürte ich jedes Mal die Gegenwart Gottes. Die ist ganz anders als die Energien, die ich in den Aschrams erlebt hatte. Ich spürte in der Gemeinde nicht nur eine bezugslose Energie, sondern die Liebe einer Person: Jesus.

Meine alten Zweifel und Gedankenmuster stiegen anfangs immer wieder nach oben und versuchten mir zu sagen: Das ist doch alles Blödsinn, lass dich doch nicht in so ein Zeug mit hineinziehen. Das ist eine Sekte, Menschen, die einem Wahn nachgehen. Ich fragte mich, wie es sein könnte, dass ich nach allem, was ich bereits erlebt hatte, trotzdem solche zweifelnden Gedanken nicht abschütteln konnte. Ich machte eine sehr wichtige Entdeckung.

Mir dämmerte langsam, dass viele meiner Gedanken nicht immer nur aus mir selbst kamen, sondern oft so negativ waren, wie ich selbst nie denken würde. Auch Gott konnte nicht hinter diesen Gedanken sein, weil ich ihn schon so weit kannte, dass ich wusste, er hat gute Gedanken über mich. Denn er sagt in der Bibel (Jeremia 29,11): „Ich weiß, was für Gedanken ich über dich habe, Gedanken des Friedens und nicht des Unheils, um dir eine Zukunft und eine Hoffnung zu geben." Aber so wie es Gott gibt, entdeckte ich jetzt, gibt es auch den Teufel. Seine älteste Lüge ist, den Menschen glauben zu machen, dass er nicht existiert. Das hatte ich auch immer geglaubt.

Ich stellte also fest, dass ein Kampf in meinen Gedanken stattfand. Der Teufel und seine Dämonen (Helfer) besitzen die Fähigkeit, im menschlichen Verstand Gedanken hervorzurufen, vor allem solche des Zweifels. Immer wieder tauchten die Gedanken der östlichen Philosophien auf, Buddha, Krishna und Reinkarnation: Ich muss es aus eigener Kraft schaffen, ich werde immer wieder auf diese Erde kommen. Der Himmel ist nur eine Fata Morgana. Aus Gnade dahin zu kommen, ist eine Lüge.

Ein Ehepaar, das Gott schon viele Jahre kannte, sagte mir, dass ich durch meine Kontakte mit den verschiedenen Glaubensrichtungen Türen geöffnet hätte. Durch sie hätten Kräfte Einfluss auf mein Leben bekommen, die nicht von Gott, sondern dämonischer Herkunft waren. Diese Kräfte hätten noch so lange legalen Zutritt zu meinem Leben, bis ich mich von ihnen lossagen würde. Diese Kräfte seien auch für die zweifelnden Gedanken verantwortlich und ich bräuchte eine Freisetzung von ihnen.

Natürlich bemühten sich diese Kräfte, das zu verhindern, ließen mir all das als Lüge und Wahn erscheinen. Ich erlebte dennoch eine Freisetzung, die mich von Dingen befreite, die mich mein halbes Leben unter Kontrolle hatten. Ich entschied mich, ganz bewusst den verschiedenen Religionen, Philosophien, okkulten Praktiken, den Drogen, vor allem dem Heroin zu entsagen. Als ich dies tat, wurden unsichtbare Fesseln gekappt. Diese Kräfte konnten Jesus nicht standhalten.

Mir wurde bewusst, dass diese Kräfte mich früher wie an einer Angel hatten. Wann immer ich zuvor versucht hatte vom Heroin freizukommen, was mir ja auch teilweise über kurze Zeiträume gelang, zog etwas an mir und meine eigene Willenskraft war nicht stark genug zu widerstehen.

Oftmals schaffen es Menschen aus eigener Kraft, von einer Sucht loszukommen, machen dann aber leider mit einer anderen weiter. Die Sucht hat sich nur verlagert. Die Kraft, die uns beeinflusst oder beherrscht, ist noch die gleiche, nur die äußere Erscheinung hat wsich geändert. Dies kann von Drogen zu Alkohol, zu Nikotin, Sex, zu materiellen Gütern, oder auch zu einer weit verbreiteten Abhängigkeit gehen, dem Essen. Ich weiß, dass viele Menschen damit Probleme haben, doch ich habe erlebt, dass eine Loslösung davon möglich ist.

Nach dieser Freisetzung stellte ich fest, dass ich meinen Weg viel unbelasteter weitergehen konnte. Es war, als ob mir ein riesiger unsichtbarer Rucksack, den ich getragen hatte, abgenommen wurde. Die Gedanken und Zweifel, die mich so oft verwirrt hatten, hatten nicht mehr den gleichen Zugang. Ein nächster Schritt in Richtung Freiheit war getan.

Warum lässt Gott das Böse zu?

Dies war eine der Schlüsselfragen in meinem Leben und ich habe sie mir sehr oft gestellt. Wenn es wirklich einen Gott gibt und wenn er dazu auch noch gut sein soll, warum lässt er all das Unheil, all die Ungerechtigkeit, all den Schmerz auf dieser Erde geschehen und greift nicht einfach ein?

Gott beantwortete mir diese Frage ganz klar, und ich gebe in meinen Worten wieder, was ich verstanden habe: Gott hat dem Menschen ein Geschenk gegeben, und das ist der freie Wille; er hat uns nicht zu Robotern oder Maschinen gemacht, die nicht selber entscheiden könnten, sondern zu Wesen, die entscheiden, auf wen oder was sie hören und wem sie folgen wollen. Der Mensch kann aus freien Stücken entscheiden, dies oder jenes zu tun.

Ich dachte an meine eigene Jugend und das half mir, es besser zu verstehen: Stellen wir uns vor, Vater oder Mutter eines Kindes zu sein. Das Kind wird nun älter, so 16 bis 17 Jahre alt. Es war bis dahin ein „ganz normales" Kind, doch nun beginnt es mit Drogen, fängt an zu stehlen, lügt, was das

Zeug hält. Was werden seine Eltern tun? Natürlich mit allen erdenklichen Mitteln versuchen, dem Kind zu zeigen, dass es auf dem falschen Weg ist. Sie werden versuchen, das Kind zu warnen und es auf die Konsequenzen aufmerksam zu machen. Vielleicht ist das Kind einsichtig und zugänglich und es nimmt die Hilfe der Eltern an und ändert die Richtung seines Lebens. Vielleicht aber auch nicht. Die Eltern können das Kind nicht dazu zwingen, die richtige Entscheidung zu treffen, sie können dem Kind nur anbieten, dass sie jederzeit da sind, um zu helfen. Ansonsten können Vater und Mutter nur mit schwerem Herzen und Tränen in den Augen zuschauen, wie das Kind sich selbst und eventuell auch andere zerstört.

Wäre es nun angebracht zu sagen: Was für schreckliche Eltern hat dieses Kind, dass sie so etwas zulassen? Die Antwort ist: Sie können gar nichts dagegen tun. Das Kind hat einen freien Willen und kann selber entscheiden, ob es auf den Rat der Eltern hört oder nicht. Es geht in diesem Beispiel nicht darum, aus welchen Gründen das Kind anfängt, in diese Richtung zu gehen; dafür kann es viele verschiedene Gründe geben.

Die Menschen entscheiden sich dafür, ihr eigenes Ding zu machen, und das hat seine Folgen. Gottes Herz schreit über all das Unrecht und Leid, das Menschen ertragen müssen. Da schließlich, wo der Mensch beginnt, sich ihm bewusst zuzuwenden und um Hilfe zu bitten, kann Gott auch wirken. Da, wo der Mensch beginnt, auf Gott zu hören, wird sein Leben sich verändern und nicht nur seines, sondern auch das seiner Mitmenschen.

Mein Weg verläuft anders als geplant

Als ich in die USA kam, war ich der Meinung gewesen, dass mein Leben eigentlich verhältnismäßig in Ordnung wäre. Trotz der Drogen und der verzweifelten Suche nach Wahrheit fühlte ich mich einigermaßen normal. Später erst wurde mir bewusst, wie oft ich in meinem Leben so verzweifelt gewesen war, dass ich gar nicht mehr leben wollte. Es gab sogar Zeiten, in denen ich mich mit Selbstmordgedanken beschäftigt hatte. Zeitweise verlor ich die Hoffnung, dass das Leben überhaupt einen Sinn haben könnte.

Das war nun alles ganz anders geworden. Ich sagte endlich ganz bewusst: „Jesus, bitte komm in mein Leben, bitte vergib mir meine Schuld, mach mich frei von meiner Vergangenheit. Sei mein Retter und mein allerbester Freund. Ich gebe dir mein Leben in die Hand." In diesem Moment, als ich Gott in mein Leben bat, kam er mit seinem Geist in mein Leben. So, als würde das Licht langsam angehen. Ich konnte die Dinge verstehen und sehen wie niemals zuvor. Es war, als ob der Raum, in dem ich immer versucht hatte, mit meiner kleinen Kerze zu sehen, nun mit elektrischem Licht erleuchtet würde, und ich konnte alles sehen – auch all die verschiedenen Religionen, wo sie herkommen und wo sie hinführen.

Als ich nach Florida kam, hatte ich vorgehabt, auf einem Kreuzfahrtschiff zu arbeiten. Ich war ja bereits einige Jahre als Animateur tätig gewesen. Der Klub auf den Kanarischen Inseln gehörte zur Kette der Hilton-Hotels, somit hatte ich sehr gute Referenzen. Außerdem sprach ich fließend Deutsch, Englisch und sehr gut Spanisch, sodass man mich auf einem Kreuzfahrtschiff wahrscheinlich mit Kusshand nehmen würde, dachte ich. Doch nun merkte ich, dass ich mein Leben Gott in die Hand gegeben hatte – und seine Pläne für mich sahen ein wenig anders aus.

Ich bewarb mich bei ungefähr zwölf verschiedenen Kreuzfahrtlinien und wartete auf Antwort. Diese blieb jedoch aus, nicht einmal ein Vorstellungsgespräch bekam ich. Ich dachte: Das gibt es doch nicht, was ist denn hier in diesem Land los? Stattdessen bekam ich ganz andere Arbeit angeboten, die mir eigentlich nicht sehr zusagte: Gartenarbeit, Autowaschen, Hausmeistertätigkeiten. Das hatte ich mir anders vorgestellt. Ich brauchte etwa ein halbes Jahr, bis ich merkte, dass Gott dabei war, etwas in mir zu ändern. Es ging um meinen Stolz und darum, an seiner Stelle ein wenig Demut in mir wachsen zu lassen. Ich war nicht begeistert, ließ mich aber darauf ein, weil ich wusste, dass es zu meinem Besten sein würde.

Ich bewarb mich auch in einem Altenheim, um bei der Freizeitgestaltung der Senioren behilflich zu sein. Es gibt in Florida viele Seniorenheime, in denen Freizeitgestalter tätig sind. Man veranstaltet Kartenspiele, Bingo, Tanzabende, und vor allem ist man als Ansprechpartner für die Menschen da. Eine bezahlte Stelle bot man mir nicht an, stattdessen fragte man mich, ob ich ehrenamtlich helfen wollte. Ohne Bezahlung zu arbeiten, stand nicht auf meinem Plan. Ich spürte aber, dass ich zusagen sollte. So half ich regelmäßig einige Stunden pro Woche bei der Freizeitgestaltung der Senioren aus. Oftmals freuten sich die Menschen einfach nur darüber, dass jemand da war und ihnen zuhörte oder sie auch mal in den Arm nahm. Dies alles veränderte etwas in meinem Herzen und bereitete mich auf die darauf folgende Aufgabe vor.

In einer christlichen Zeitschrift fiel mein Blick dann eines Tages auf eine ganz spezielle Anzeige: die Mercy Ships der christlichen Organisation „Youth with a Mission" (Jugend mit einer Mission). Diese Missionsschiffe fahren in verschiedene Länder, um dort den bedürftigen Menschen zu helfen. In der Anzeige wurden freiwillige Mitarbeiter gesucht. Das sprach mich sehr an und es war, als ob Gott zu mir sagen würde: „Hier ist dein Kreuzfahrtschiff, ein wenig anders, als du es geplant hattest, jedoch genau da, wo ich dich haben möchte." Es dauerte nur noch ein paar Monate und ich war an Bord dieses Schiffes, das gerade aus Mittelamerika zurückkam und genau in Tampa, meinem Wohnort, einlief.

Ein Kreuzfahrtschiff ganz anderer Art

Die Arbeit auf dem Missionsschiff war ehrenamtlich, ich bekam also kein Geld dafür. Jeder Mitarbeiter musste für seine eigenen Unkosten aufkommen und alle an Bord, inklusive des Kapitäns, bezahlten jeden Monat einen gewissen Betrag für Kost und Logis. Die Organisation „Jugend mit einer Mission" wurde nur durch Spenden finanziert. Ich sollte arbeiten und dafür auch noch bezahlen? Hier stimmte wohl etwas nicht. Doch es gibt eine Textstelle in der Bibel, die lautet: Gottes Wege sind nicht unsere Wege und Gottes Gedanken sind höher als unsere Gedanken. Dies sollte ich bald sehen.

Ich begann als Storekeeper an Bord. Damit war ich zuständig für alle Lebensmittel, die an Bord kamen, und musste die Küche damit beliefern. Es gehörte auch zu meinen Aufgaben, jeden Tag den Müll zu entleeren. Ich bin mir sicher, hätte ich nicht in den Monaten davor alle möglichen Tätigkeiten ausgeübt, dann wäre ich wahrscheinlich nur eine Stunde an Bord geblieben und hätte wieder „Tschüss" gesagt. Mein Stolz hätte es damals nicht zugelassen. Doch durch die Arbeiten in der Zeit vorher war ich mir jetzt nicht zu gut für diese Tätigkeiten. Ein Stück Demut war gewachsen.

Wenn ich jetzt auf die letzten Jahre zurückschaue, kann ich sehen, dass jede neue Aufgabe eine Herausforderung war, die mir half zu wachsen, um die darauf folgende Aufgabe zu bewältigen. Das eine baute auf dem anderen auf. Ich kann heute sehen, wie Gott ganz systematisch meinen Charakter durch die verschiedenen Wege, auf die er mich geführt hat, veränderte. Ich bin dafür sehr dankbar.

Kurze Zeit nach unserer Abfahrt liefen wir im Hafen von Pensacola in Florida ein, um Material für die Reise nach Guatemala an Bord zu nehmen. Dort wurde ich in das Tour-Department versetzt. Ich führte Besucher durch das Schiff, gab ihnen Fakten über das Schiff, berichtete über die Entstehung dieser Mission und konnte dabei auch erzählen, wie ich Gott kennengelernt hatte. Mit dieser Aufgabe war ich voll in meinem Element, ich liebte es. Auch die Arbeit als Storekeeper hatte mir Spaß gemacht, doch jetzt kam das, was früher schon meine Gabe zum Animateur ausmachte, zur Entfaltung.

Wir kamen nach Guatemala, wo Ärzteteams an Bord Augenoperationen vollzogen, Zahnärzte die Zähne der Einheimischen behandelten, Konstruktionsteams mit der Renovierung eines Kinderkrankenhauses beschäftigt waren. Ein weiteres Team war dabei, ein Gemeindehaus für eine dort bestehende christliche Gemeinschaft zu bauen. Ich durfte mit einem Team in verschiedene Schulen gehen, wo wir über Hygiene und Gesundheit unterrichteten und dabei auch von der Liebe Jesu zu den Menschen erzählen konnten. Dort wurde ich als Dolmetscher eingesetzt, da ich die spanische Sprache gut beherrsche.

Es war erstaunlich zu sehen, wie freigiebig all die Mitarbeiter ihre Zeit opferten, um den Menschen in finanzieller bzw. materieller Not zu helfen. Die Ärzte hatten alle einen Teil ihres Jahresurlaubs geopfert, um hier arbeiten zu können. Die Mitarbeiter kamen aus verschiedensten Gemeinden, katholisch, evangelisch, Baptisten, Mennoniten, charismatisch, Methodisten, doch uns alle verband der gleiche Geist, anderen in Liebe zu helfen. Wie kann Gott Menschen erreichen, ihnen helfen? Durch Menschen, die ihn kennen und bereit sind, ihn durch sich wirken zu lassen.

Auch meine finanziellen Angelegenheiten musste ich irgendwie regeln. Als ich an Bord gekommen war, hatte ich noch ein wenig Geld, um die ersten Monate zu bezahlen. Die Kosten pro Person betrugen damals 250 Dollar im Monat. Andere hatten mir vorher bereits gesagt: Wenn Gott dich hierher gerufen hat, dann wird er auch für dich sorgen. Aber dieses Vertrauen zu haben fiel mir nicht immer leicht. Ich hatte erwartet, dass bestimmte Menschen mich finanziell unterstützen würden. Ich bekam auch Unterstützung. Doch waren es ganz andere Menschen als die, mit denen ich gerechnet hatte. Ich hatte an einige finanzkräftige Bekannte gedacht, doch es waren Freunde, die auch nicht sehr viel hatten, denen ich von der Mission und meiner Aufgabe erzählt hatte. Sie schrieben mir Briefe und sagten, es würde sie freuen, mich bei dieser Mission unterstützen zu dürfen. Ich hatte immer alles Nötige. Oft kam genau im richtigen Moment ein Brief mit 100 DM aus Deutschland, 100 Franken aus der Schweiz oder 50 Dollar aus den USA an, um meine Rechnungen zu begleichen. Ich war fasziniert, dass mich Gott zu den richtigen Zeitpunkten mit Spenden versorgte, ganz ohne mein Zutun.

In Pensacola

Eine weitere Station der Veränderung war in meinem Leben Pensacola. Nachdem wir Tampa verlassen hatten, legten wir dort vor unserer Weiterreise nach Mittelamerika an und ankerten einige Tage. So nutzten wir die Möglichkeit, in eine bestimmte Gemeinde dort zu gehen, von der wir bereits einige erstaunliche Geschichten gehört hatten. Es hieß, dass am Vatertag 1995 während eines normalen Gottesdienstes, Gott in der Gemeinde mit seiner Gegenwart so stark spürbar war, dass seitdem fünf Gottesdienste pro Woche stattfanden, und Menschen aus der ganzen Welt kamen – und noch heute kommen – um tiefere Begegnung mit Jesus zu finden.

Das hörte sich für mich sehr spannend an und ich konnte es kaum abwarten, die Gemeinde zu besuchen. Wie wir wussten, standen bereits früh morgens Schlangen von Menschen vor dem Gebäude und warteten, um am Abend einen Platz zu bekommen. So etwas hatte ich noch nie erlebt.

Da wir ein Missionsschiff waren und tagsüber auf dem Schiff arbeiteten, hatte man uns gesagt, wir könnten abends ein-

Abenteuer auf hoher See

Im Hafen von San Salvador

Eine Schule in Guatemala

Ca. 120 Menschen leben an Bord

fach zum Hintereingang in das Hauptgebäude kommen und müssten nicht stundenlang draußen warten. Das Hauptgebäude fasste nur 2.500 Menschen, so mussten oftmals weitere 2.000 Menschen in den anliegenden Gebäuden unterkommen. Dort konnten sie den Gottesdienst auf einer Leinwand verfolgen.

Wir hatten große Erwartungen, als man uns im Hauptgebäude zu unseren Plätzen führte. Eine angenehme Atmosphäre war in der Kirche zu spüren, die das Zuhause einer Assembly of God-Gemeinde war, vergleichbar mit einer Pfingstgemeinde in Deutschland.

Zuerst kamen nun einige Sprecher auf die Bühne, die den Gästen in verschiedenen Sprachen mitteilten, dass sie mit kleinen Empfangsgeräten den Abend in ihrer jeweiligen Sprache verfolgen könnten. Dolmetscher würden alles ins Deutsche, Spanische, Französische, Russische und Japanische übersetzen. Nie hätte ich mir damals träumen lassen, dass ich eines Tages auf dieser Bühne stehen würde, um die deutsche Ansage zu machen, und dass ich für zwei Jahre in der Gemeinde als Simultanübersetzer mitarbeiten würde.

Was nun an meinem ersten Abend in der Gemeinde in Pensacola geschah, würde ich mit den Worten beschreiben: der Himmel auf Erden. Es begann mit Lobpreis. Wie es das Wort bereits sagt, wird, in Begleitung von Musik, Gott mit Worten Lob und Dank zugesungen. Ein Lobpreisleiter mit seiner

Band führte uns von schnellen zu immer sanfter werdenden Liedern in Richtung des Himmels. Anders ausgedrückt: Langsam richteten sich die Herzen der Menschen auf Gott hin, so als ob der Lobpreis eine Treppe wäre, auf der Gott herunterkam. Seine Gegenwart hüllte uns alle fühlbar ein, erst ganz sanft, dann immer deutlicher. Der Lobpreis wurde inniger und in diesem Maß nahm auch seine Gegenwart zu.

In dieser Atmosphäre, von Jesus berührt, weinte ich. Tränen der Geborgenheit. Tränen der Freude über die gefundene Liebe. Tränen des Glücks, mit 100-prozentiger Sicherheit wissend, dass ich das Geschenk des ewigen Lebens empfangen habe. Ich habe erlebt: Ein Moment in seiner so intensiven Gegenwart kann mehr Heilung, Wandlung, Veränderung bringen, als der lebenslange Versuch, aus eigener Kraft Veränderung zu schaffen.

Ich hatte seine Gegenwart oft in den Gottesdiensten meiner Gemeinde in Tampa gespürt, doch dies hier war eine ganz andere Dimension. Seine Gegenwart war an manchen Abenden so körperlich, dass ich nur auf meine Knie gehen konnte und in aller Ehrfurcht die Worte: „Heilig, Heilig, Heilig" sagen konnte. Ich verstand plötzlich, was „die Furcht des Herrn" bedeutet. Das heißt nicht Angst vor Gott zu haben, die mich davonlaufen lässt, sondern eine Ehrfurcht in seiner kraftvollen, liebevollen, überwältigenden Gegenwart. Sie löste in mir die Sehnsucht aus, ihm immer näher zu kommen. Ich glaube, hier in meinem Körper kann ich seine

Gegenwart nur bis zu einer gewissen Stärke und Nähe erfahren, sonst wird es einfach zu viel. Hier gibt es einen Vorgeschmack auf die vollständige Gegenwart Gottes, die ich im ewigen Leben habe.

Gott so zu begegnen, war die Erfüllung einer Sehnsucht, eine so tiefe und umfassende Erfahrung, wie ich sie in Worten nur so umschreiben kann: Es ist, als wenn der unheilbar Kranke, der sich jahrelang mit unsagbarem Schmerz hat quälen müssen, endlich dem Arzt begegnet, der ihn von allem befreit. Als ob das Kind, das jahrelang nach seinen Eltern gesucht hat, endlich wieder vereint ist mit seiner Familie.

Ich sah dort Menschen, die ihre Arme in die Luft streckten und Lieder der Anbetung sangen. Andere sagten auf Knien immer nur „danke, danke, danke". Andere weinten wie ein Wasserfall und erfuhren dabei innere Heilung. Wieder andere wälzten sich lachend am Boden, als würde der Heilige Geist sie kitzeln, auch dabei wurden sie tief geheilt. Manch einer hatte so lange nicht mehr aus vollem Herzen gelacht oder vielleicht noch nie in seinem Leben, dass nun uralte Blockaden sich auflösten und ganze Tonnen Lasten von ihm abfielen.

Viele Menschen erkannten, dass sie getrennt von Gott gelebt hatten durch ein mit Sünden gefülltes oder völlig eigensüchtiges Leben und trafen eine neue Entscheidung für Gott. Auch manche Christen, die schon Jahrzehnte an Gott glaubten, sagten sich los von Dingen, die sie innerlich von Gott ferngehalten hatten.

Als ich Tage später miterlebte, wie sich Menschen im Taufbecken der Gemeinde in Gottes Namen taufen ließen, hörte ich Geschichten von ehemaligen Drogensüchtigen, die ihr Leben nun mit Gott lebten und einen solch radikalen inneren Wandel erfahren hatten, dass sie keine Drogen mehr anrührten und von jeglichen Entzugserscheinungen verschont blieben. Prostituierte kamen in aufreizender Kleidung in die Gemeinde, begegneten Gott, vertrauten sich ihm an und begannen ein völlig neues Leben.

Hunderttausende Menschen aus allen Teilen der Welt haben die Gegenwart Gottes in dieser Gemeinde im Laufe der Jahre erlebt. Nach diesen Gottesdiensten ging ich mit einer neu gefundenen Liebe nach Hause, die ich auf ähnliche Weise danach in vielen Gottesdiensten überall auf der Welt erlebte.

Gebete in Guatemala

In Guatemala angekommen, gingen wir abends in mehreren Teams auf die Straßen, um Menschen von Jesus zu erzählen. Das Team, dem ich angehörte, zeigte auf verschiedenen Marktplätzen auf einer Leinwand einen Film über das Leben Jesu. Danach redeten wir mit den Menschen, die zugeschaut hatten und luden ein, wenn jemand sein Leben Jesus übergeben wollte, mit ihm zu beten. Meine Aufgabe war es, ins Spanische zu übersetzen.

An einem dieser Abende fragte ich, ob jemand ein Gebet um Heilung wünschte, woraufhin eine Mutter mit ihrer kleinen Tochter Alexandra zu mir kam. Das Mädchen, ungefähr fünf Jahre alt, war sehr geschwollen im Gesicht und hatte Husten. Die Mutter sagte, dass sie bereits seit neun Monaten in diesem Zustand sei, die Ärzte hätten schon alles versucht, auch eine Kortison-Behandlung, doch ihr Zustand habe sich nicht verbessert.

Ich bat alle dabeistehenden Leute, ihre Hände in die Richtung des Kindes auszustrecken und mit mir zu beten. Ich betete und hatte den Impuls, der Mutter zu sagen, dass innerhalb der nächsten sieben Tage ihre Tochter völlig gesund würde. Ich wusste in diesem Moment selbst nicht genau, wie ich dazu kam, dies so zu sagen, ich hoffte nur, dass es von Gott sei. Ich hatte niemals zuvor so etwas gebetet und ausgesprochen. Ich sagte der Mutter, dass ich die nächsten sieben Tage täglich mit einem Freund an Bord des Schiffes für Alexandra beten würde. An diesem Abend sahen wir keine Veränderung im Zustand des Mädchens, aber ich vertraute auf Gott. Die nächste Woche verbrachte ich jeden Tag einige Minuten mit meinem Zimmergenossen Bryan im Gebet, dass Jesus Alexandra völlig heilen solle. Ich wusste nicht, ob ich die Mutter und ihre Kleine noch einmal sehen würde, denn wir waren jeden Abend auf einem anderen Platz.

Die sechs Wochen, die wir in Guatemala verbringen wollten, vergingen und es wurde Zeit für unsere Abreise. Am Tag vor der Abfahrt ging ich mit Bryan auf einen Markt, um noch ein paar Andenken für Freunde zu kaufen. Als wir umherschlenderten, machte mich Bryan plötzlich auf ein Mädchen aufmerksam, das auf uns zu lief, gefolgt von zwei weiteren Personen. Als sie näher kam, erkannte ich Alexandra, die dann lachend vor mir stand. Ihre Mutter und ihr Vater, die dabei waren, sagten nur: „Danke, danke, danke, schau, was Gott getan hat, unsere Tochter ist wieder völlig gesund." Ich hätte vor Freude weinen können. Ich konnte auch nur sagen: „Du bist so gut, Gott, und du beantwortest Gebete, danke."

Ich hätte damals, wenn ich auf mein logisches Denken gehört hätte, aus Furcht, dass es nur meine eigene Idee war, still sein können. Doch dann wäre allen ein großes Geschenk verloren gegangen. Dieses Ereignis stärkte mein Vertrauen in Gott sehr. Oft habe ich später anderen Menschen davon erzählt, mit dem Ziel, sie zu ermutigen, auch dann, wenn nicht sofort der gewünschte Erfolg zu sehen ist, weiter zu Gott zu beten und Vertrauen zu haben.

Ich habe im Laufe der Jahre gelernt, auf solche Impulse des Heiligen Geistes zu hören und bereit zu sein, Dinge zu tun oder zu sagen, die der Logik zu widersprechen scheinen. Ich habe die Heilung dieses Kindes selbst gesehen – nachdem ich zuerst ausgesprochen hatte, was dem Augenschein an diesem Abend total widersprach. Etwas nicht sehen und trotzdem glauben, dass Gott es tun wird, bedeutet Glauben ausüben.

Colorado, Mexiko und wieder Pensacola

Ich blieb acht Monate an Bord des Schiffes und hatte viele verschiedene Aufgaben. Es war eine Zeit sehr intensiver Veränderung für mich. Da ich länger bei „Jugend mit einer Mission" mitarbeiten wollte, fasste ich nun eine Jüngerschaftsschule dort ins Auge, die Pflicht war, wenn man innerhalb der Organisation tätig sein wollte.

In mehr als 100 verschiedenen Ländern gibt es die Möglichkeit, an dieser fünfmonatigen Ausbildung teilzunehmen und ich traf nach Gebet die Entscheidung, nach Colorado zu gehen. Die Ausbildung sollte mich ungefähr 1.000 Dollar kosten, die ich zu dieser Zeit nicht hatte. Es war wieder einmal angesagt, Gott zu vertrauen. So reiste ich mit einem günstigen Flug nach Colorado.

Schon vor mir war ein Brief mit 1.000 Dollar dort angekommen, von einer ganz lieben Freundin aus der Schweiz, der ich von der Ausbildung erzählt hatte. Sie hatte sich sehr über die Richtung gefreut, die mein Leben nun nahm, und wollte das unterstützen. Weitere Freunde und Verwandte, denen ich von meiner Aufgabe erzählt hatte, boten mir ihre finanzielle Unterstützung an. So kam immer zur rechten Zeit von irgendwo ein Brief oder eine Überweisung, sodass die Kosten regelmäßig bezahlt wurden. Ich konnte mich auf Gottes Versorgung durch großzügige, freundliche Menschen immer verlassen. In all den Jahren bin ich darin nicht einmal enttäuscht worden.

Nun nahm ich fünf Monate lang an der Jüngerschaftsschule teil, davon zwei Monate mit theoretischem Lernen: die Bibel, das Leben Jesu und praktisches Leben mit Jesus heute. Danach gingen wir drei Monate auf Missionsreise durch die USA und dann nach Mexiko. Dort besuchten wir Kinderheime und halfen bei verschiedenen Arbeiten, führten auf den Straßen Theaterstücke auf, die von der Güte Gottes sprachen. In Gefängnissen erzählten wir darüber, wie Gott unser eigenes Leben verändert hatte, und beteten mit vielen Gefangenen. Es waren unvergessliche Erlebnisse mit vielen Herausforderungen. Es wird mit Gott niemals langweilig, es ist immer ein Abenteuer, seinen Plänen zu folgen – und es tut einem selbst so gut.

Wir helfen Einwohnern in Mexico beim Wiederaufbau einer Straße nach starken Regenfällen

Die Jüngerschaftsschule war Ende November beendet und ich wollte Weihnachten mit meinen Eltern verbringen und im neuen Jahr wieder auf das Schiff gehen. Doch zuerst fuhr ich zurück nach Pensacola, einige Stunden entfernt von Tampa, dem Wohnort meiner Eltern. Ich wollte meinen guten Freund Bryan, mit dem ich mir eine Kabine auf dem Schiff geteilt hatte, besuchen. Zur gleichen Zeit kam auch ein Pastor aus Guatemala bei Bryan an, den wir von unserer Missionsreise kannten. Er kam, um in der dortigen Gemeinde eine tiefere Begegnung mit Gott zu finden.

Es passte wieder einmal alles sehr gut, denn Pastor Cesar sprach kein Englisch und die anderen kein Spanisch. Als

Dolmetscher konnte ich das Sprachproblem lösen und war wieder zur richtigen Zeit am richtigen Ort. Ich erzählte ihm, dass ich nicht genau wusste, wohin Gott mit mir im neuen Jahr unterwegs wäre. Daraufhin gab mir Pastor Cesar den Rat, das für die nächsten sieben Tage zu meinem Hauptanliegen im Gebet zu machen. Das tat ich dann auch, jeden Tag ein paar Minuten, ähnlich wie damals, als Bryan und ich für die kleine Alexandra gebetet hatten. Ich verbrachte die Tage mit Pastor Cesar und war ihm behilflich bei seinen Sprachbarrieren.

Am sechsten oder siebten Tag, den ich mit Pastor Cesar zusammen war, hatte ich plötzlich ein ganz starkes Gefühl, verbunden mit dem Gedanken an eine Bibelschule in der Gemeinde in Pensacola. Ich fragte Pastor Cesar, ob er es für möglich hielte, dass das mein nächster Schritt sein könnte. Pastor Cesar sagte sehr überzeugt: „Ja, ich glaube, Gott würde dich gern auf dieser Bibelschule sehen."

Ich hatte zuvor schon mit Bryan über die Schule gesprochen, aber nicht den geringsten Gedanken daran verschwendet, dass dies etwas für mich sein könnte. Ich konnte also nur sagen: „Gott, wenn das wirklich deine Idee ist, dann bitte ich um weitere Bestätigung."

Wenn man mir vor Jahren gesagt hätte, ich würde auf einer Bibelschule studieren, hätte ich nur lachend abgewunken, doch nun füllte ich die Bewerbungsunterlagen der Schule aus und schickte sie ab. Den nötigen Schulabschluss, der eine der Aufnahmebedingungen war, hatte ich nicht. Doch ich ging davon aus, dass Gott dieses Problem lösen würde. Ich erkundigte mich bei der entsprechenden staatlichen Stelle, ob es mir möglich wäre, diesen Schulabschluss nachzumachen. Man teilte mir mit, mit diszipliniertem Lernen wäre dies innerhalb kurzer Zeit möglich, da ich die nötigen Grundkenntnisse bereits durch meine Schuljahre in Deutschland hatte.

Ich nahm also an der staatlichen Prüfung für den nötigen Abschluss teil. Das Testergebnis sollte ich im Januar bekommen. Die Frage der Finanzierung war wieder einmal ungeklärt. Außerdem wusste ich nicht einmal, ob die Schule mich überhaupt annehmen würde, da es auch dort ein Auswahlverfahren gab. Ich wartete also auf Gottes Eingreifen.

Am 24. Dezember 1997 nachmittags bekam ich bei meinen Eltern einen Anruf von der Schule. Man sagte mir, man wolle mich vor Weihnachten noch überraschen und mir mitteilen, dass ich angenommen sei. Man vertraue darauf, dass ich den nötigen Abschluss nach Bestehen nachreichen würde, was ich dann auch tat. Welch ein Weihnachtsgeschenk!

Eine halbe Stunde später erhielt ich dann noch einen Anruf von einer Freundin, die sich sehr freute, dass ich auf diese Schule gehen wollte. Sie übernahm meine Schulkosten, um mich zu unterstützen. Dieser Heiligabend war wunderbar, und ich feierte gemeinsam mit meinen Eltern die Geburt Jesu Christi, der verantwortlich war für solch einen Wandel in meinem Leben.

Meine Eltern, die am Anfang meines christlichen Lebens sehr skeptisch gewesen waren und dachten, dies sei wieder mal ein neuer Spleen von mir, sahen so langsam, dass dies nicht flüchtig und oberflächlich war. Meine Eltern selbst glaubten zwar an Gott, hatten aber zur damaligen Zeit noch keine persönliche Beziehung mit ihm und hielten den Gedanken, mit Gott zu sprechen, für ziemlich absurd. Mein Vater, ein frommer Katholik, ging jeden Sonntag in die Messe, war aber der Meinung, dass Gott zu viele andere Dinge zu tun hätte, als sich um unsere kleinen Belange zu kümmern.

Im Januar 1998 begann für mich die zweieinhalbjährige Bibelschule – ein weiteres spannendes, sehr lebensverwandelndes Erlebnis.

Gottes Liebe trägt

Ich war seit einigen Monaten auf der Bibelschule, betete sehr viel, las die Bibel und hatte Spaß an neuen Impulsen. Aber dann kam ein echter Tiefpunkt. Ich hatte das Gefühl, meine Gebete reichten gerade mal bis an die Decke – und kamen von dort ohne Antwort wieder zurück. Das, was von mir erwartet wurde, schien mir viel zu viel zu sein. Eines Tages hörte ich mich in meinem Zimmer folgende Worte zu Gott sagen: „Vater, ich will nicht mehr, ich habe genug. Es ist zu viel, was du verlangst. Ich kann nicht mehr. Ich will meine Ruhe haben, bitte lass mich zufrieden." Diese Worte sagte ich heftig und in diesem Moment meinte ich sie auch.

Ich legte mich auf mein Bett mit einem Buch in den Händen, das den Titel trägt: Vom Herzen des Vaters. Es enthält kleine „Briefe" von Gott an seine Kinder. Was daraufhin geschah, habe ich bis heute nicht vergessen. Es hat meinen weiteren Weg mit Gott so stark beeinflusst, dass ich noch heute davon überwältigt bin.

Ich spürte plötzlich die Gegenwart Gottes in meinem Zimmer. Das war für mich nichts grundsätzlich Neues, ich hatte sie tagtäglich in den Gottesdiensten gespürt. Es war meist wie ein sanfter Regen, der auf mich herabkam oder wie ein warmer Mantel, der sich um mich legte. Doch diesmal war es ganz anders. Etwas berührte mich mitten in meiner Brust, und auf einmal war es, als ob ein starker Fluss durch meine Brust fließen würde. Ich spürte eine so umfassende Liebe, lag da auf meinem Bett, fing an zu weinen und sagte: „Vater, bitte vergib mir, bitte vergib mir." Die Liebe war so überwältigend, dass ich den Eindruck hatte, mein Körper könnte es gar nicht aushalten. Es war diese Liebe, nach der ich mich immer gesehnt hatte.

Ich fragte, ob ich das von nun an immer so erleben könnte, worauf ich das Gefühl hatte, als ob Gott sagen würde: „Ich möchte dir diese Liebe geben, doch du musst erst mal lernen sie anzunehmen, denn es ist mein Herz, das ich dir öffne. Ich möchte, dass du diese Liebe weitergibst an die Menschen, die sich so sehr danach sehnen, doch muss ich zuvor einiges in deinem Herzen heilen, damit du wahrhaftig meine Liebe annehmen und weitergeben kannst."

Diese Erfahrung mit seiner Liebe hat mich bis heute immer wieder angespornt weiterzumachen, denn das Herz des Vaters sehnt sich nach seinen Kindern. Seine Liebe für uns ist ein so überwältigendes Gefühl. Dadurch verändert Gott Dinge in meinem Herzen, heilt alte Wunden, die zurückreichen bis in die Kindheit. Manchmal wünschte ich mir, es könnte einfach über Nacht geschehen, ein für alle Mal, doch es geht Schritt für Schritt, denn oftmals steht mein Eigenwille dem entgegen. Wenn eine solche Heilung innerer Wunden beginnt, ist es nicht immer angenehm. Es hat mit Aushalten, Loslassen und Vertrauen und mit vielen Tränen zu tun. Doch das Resultat kann mit keinem Geld der Welt bezahlt werden. Gottes bedingungslose Liebe zu mir, eine Liebe, die nicht menschlich ist, nicht davon abhängt, wer ich bin oder was ich tue, war eine ganz tiefe Erfahrung für mich.

Studium bestanden

Eine Krankheit durchkreuzt meine Pläne

Nach dem Verlassen der Bibelschule 2000 hatte ich eigentlich vor, nach Ecuador zu gehen, um dort in einer Gemeinde mitzuarbeiten. Als ich wieder in Tampa bei meinen Eltern war, um mich auf die Reise nach Ecuador vorzubereiten, wurde bei einer Blutuntersuchung festgestellt, dass ich Hepatitis C hatte. Eingehandelt hatte ich mir die Krankheit durch den jahrelangen Drogenkonsum und das Austauschen von Nadeln mit anderen Süchtigen.

Diese Nachricht war wie ein Schlag in die Magengrube für mich, zumal Hepatitis C gar nicht so leicht unter Kontrolle zu bringen ist und in manchen Fällen sogar zum Tod führen kann. Aufgrund dieser Diagnose schien es weise zu sein, erst mal in Tampa zu bleiben und mich um meine Heilung zu kümmern, bevor ich wieder für Gott auf Reisen ging.

Ich hatte bereits seit einigen Jahren Schmerzen auf meiner rechten Seite, wenn ich zu fetthaltige oder zuckerhaltige Kost zu mir nahm. So hatte ich bereits seit längerer Zeit versucht, mich bewusster zu ernähren, fett- und zuckerarm. Bei früheren Untersuchungen war das Virus nicht festgestellt worden, da es zu der Zeit noch nicht aktiv war. Die Ärzte meinten, dass ich das Virus bereits seit 20 Jahren gehabt haben könnte, die Krankheit aber erst jetzt zum Ausbruch kam. Der ärztliche Rat war natürlich, sofort mit der medikamentösen Behandlung zu beginnen, was zur damaligen Zeit bedeutete, dreimal in der Woche Interferon zu spritzen, das heftige Nebenwirkungen haben kann. Der Behandlungserfolg ist außerdem nicht hundertprozentig sicher. Ich betete also darüber, wie ich damit umgehen sollte.

Als Erstes liefen mir nun „zufällig" Menschen über den Weg, die genau die gleiche Erkrankung gehabt hatten und von Gott völlig geheilt worden waren – ohne medizinische Behandlung. Das war eine hoffnungsvolle Perspektive für mich. Nach weiteren Wochen im Gebet hatte ich das Gefühl, dass Gott mir sagte, ich solle ihm völlig vertrauen, er würde sich um die Sache kümmern. Ganz wichtig ist mir hier zu betonen: Einen solchen Schritt tut man nur, wenn man wirklich das Vertrauen hat, dass Gott es so möchte oder wenn die Ärzte mit ihrem Wissen am Ende sind und keine andere Möglichkeit mehr bleibt. Gott wirkt genauso durch Medizin und Ärzte.

Ich hatte mich gegen die medizinische Therapie entschieden und ließ bei allen Gelegenheiten im Gottesdienst für mich beten. Nach drei Monaten ging ich zur Untersuchung, um zu sehen, ob sich eine Veränderung eingestellt hatte. Das war leider nicht so. Man untersuchte die Virenanzahl, welche über 850.000 lag. Nach diesem Arztbesuch war ich niedergeschlagen und fragte Jesus, was hier los sei.

Ich saß an einem Sonntagabend in einer Gemeinde, in der Heilungsgottesdienste stattfanden. Ein Pastor sprach über das, was die Bibel in Bezug auf Heilung sagt. Wir haben Vergebung unserer Sünden durch den Tod Jesu am Kreuz, doch es heißt dort auch, dass wir durch seine Wunden geheilt sind (Jesaja Kapitel 53, Vers 5). Das war etwas ganz Neues für mich zu denken, dass bereits für meine Heilung gesorgt war. So ließ ich jeden Sonntagabend für mich beten und begann, Gott dafür zu danken, dass er meine Heilung durch seinen

Tod am Kreuz schon bewirkt hatte. Ich las die Bibelstellen, in denen Gott Heilung verspricht, tagtäglich. Drei Monate später ging ich erneut zur Untersuchung. Als das Ergebnis kam, konnte die Ärztin es nicht recht verstehen. Meine Virenanzahl war von über 850.000 auf 440.000 gesunken. Sie riet mir, in einem Monat noch einmal zu kommen und zu sehen, ob dies eventuell ein Messfehler oder eine Schwankung sei.

Ich ging entschlossen weiter zu den Heilungsgottesdiensten und las und betete weiter das Wort Gottes. Auch wenn manchmal die Symptome spürbar wurden, mit Schmerzen unterhalb der rechten Brust, tat ich mein Bestes, dem Wort Gottes mehr zu vertrauen als den äußeren Anzeichen.

Fünf Wochen später ging ich zum nächsten Check-up. Das Resultat: Die Virenanzahl war bereits auf 201.000 herunter gegangen. Die Ärztin hatte keine Erklärung dafür. Eigentlich hätte genau das Gegenteil eintreten müssen. Ohne Behandlung hätte die Virenanzahl steigen und nicht fallen müssen. Ich hatte wieder erlebt: Gott tut, was er sagt.

So vertraute ich seinem Wort weiter, war fest überzeugt, dass bei einer der zukünftigen Untersuchungen das Ergebnis lauten würde: „Kein Virus mehr festzustellen." Doch mehr dazu in einem späteren Kapitel.

Statt nach Ecuador in die Schule

Statt nach Ecuador zu fahren und in einer Gemeinde dort mitzuarbeiten, tat sich eine ganz andere Tür für mich auf. Ich hatte gedacht, dass meine Krankheit ein Hindernis auf dem Weg sei, doch wie ich heute sehen kann, hatte Gott eigentlich etwas anderes mit mir vor.

Im Jahr 2000 begann ich in einer öffentlichen Grundschule in Florida als Bilingual Aide zu arbeiten, das heißt: Ich unterrichtete spanisch sprechende Kinder im Englischen. Ich arbeitete mit 5- bis 13-jährigen Jungen und Mädchen, jeweils in ganz kleinen Gruppen. Es war eine schöne, aber auch herausfordernde Aufgabe, denn viele der Kinder kamen aus schwierigen Elternhäusern, wo Drogen und Alkohol viel Einfluss hatten.

Oft war mein Ziel weniger, den Inhalt des Lehrmaterials weiterzugeben, sondern einfach nur die Klasse unter Kontrolle zu bringen. Ich habe da „auf die harte Tour" gelernt, zum einen liebevoll und geduldig, jedoch auch mit einiger Strenge und Autorität mit den Kindern umzugehen.

Unter den Lehrern waren noch weitere Christen, sodass wir uns zweimal pro Woche vor Schulbeginn in meinem Klassenraum trafen und gemeinsam beteten. Zum einen beteten wir für die Schüler und zum anderen für uns Lehrer, damit wir mit Weisheit, Einsicht, Geduld und Liebe den Kindern begegnen konnten. Am Ende meiner Zeit in der Schule wussten die 47 Kinder, mit denen ich arbeitete, wer mein bester Freund ist. Einige von ihnen baten Jesus ehrlich in ihr Herz, in ihr Leben zu kommen, wobei ein 10-jähriger Junge so von Gottes Gegenwart und Liebe berührt wurde, dass er vor Freude weinte. Als ich ihn fragte, was geschehen war, konnte er nur sagen: „Jesus, Jesus." Ich freute mich auch sehr, als eine Mutter zu mir kam und sich bedankte, dass ich den Kindern von Jesus erzählte und dass ihre Tochter dies ihren Freundinnen direkt weitergab.

In der Grundschule

An meinen Grenzen

Nach meiner Zeit in der öffentlichen Schule konnte ich in einer christlichen Schule mit Teenagern arbeiten. Das Ganze hatte nur einen kleinen Haken: Es waren Jugendliche, die aus allen öffentlichen Schulen herausgeworfen worden waren. Die Schule mit etwa 30 Schülern, die von einer Pastorin geleitet wurde, gab ihnen die letzte Möglichkeit, einen Schulabschluss zu machen.

Die meisten der Jugendlichen, die bereits selbst mit dem Gesetz in Konflikt gekommen waren und zum Teil mit Bewährungsauflagen auf freiem Fuß waren, hatten große Probleme mit Rebellion und Ablehnung. Das war erklärbar, wenn man etwas über ihre Kindheit und ihr Zuhause erfuhr. Ein Junge zum Beispiel hatte mit angesehen, wie sein Bruder vor seinen Augen erschossen worden war, oder ein Mädchen erzählte mir, wie sie sich darauf freue, ihren Vater besuchen zu dürfen, der mit einer lebenslänglichen Haftstrafe im Gefängnis saß. Wieder ein anderer berichtete, dass seine Eltern zu Hause Drogen nahmen.

Ich musste mir jeden Morgen eine Zeit zum Gebet nehmen, bevor ich in die Schule ging, sonst wäre ich nicht gewappnet gewesen für das, was kam. Die Jugendlichen trafen unbeirrbar jede Schwachstelle in mir und brachten meine Geduld, Liebe und mein Mitgefühl innerhalb kürzester Zeit völlig an ihre Grenzen. Da mein Einfluss auf sie, kurzfristig gesehen, sehr begrenzt war, blieb mir nur eines übrig: Grenzerweiterung. Doch dies nicht in erster Linie auf die Jugendlichen bezogen, sondern auf meine eigenen Grenzen.

Mit meiner Liebe kam ich immer wieder recht schnell an ein Ende. Ich liebte die Jugendlichen bis zu dem Punkt, an dem sie mich zur Weißglut brachten. An dieser Stelle kam in mir ein anderes Gefühl auf: Wut und Zorn. Manchmal wollte ich einfach verschwinden und nicht mehr wiederkommen, doch ich wusste: Es war auch für mich von großer Bedeutung, dass ich blieb. Denn Ablehnung zum Beispiel war etwas, womit ich selbst in meinem Leben sehr zu kämpfen hatte. Auch an meine Rebellion konnte ich mich noch gut erinnern. Nun sah ich mich mit genau diesem Verhalten konfrontiert. Ich konnte es noch so liebevoll mit den Kids meinen, aber ich hatte den Eindruck, sie kaum zu erreichen.

So wandte ich mich an Gott, und er versuchte mir zu zeigen, welche Geduld und Liebe er mit jedem hat. Ich wollte lernen, die Kinder zu lieben, nicht für das, was sie taten, sondern einfach für das, was sie alle waren: von Gott geliebte Menschen. Ich wollte lernen, nicht auf ihr äußeres Verhalten zu schauen, sondern auf den inneren verletzten Menschen.

Ich kann nicht genau sagen, wie erfolgreich ich diese Aufgabe bewältigt habe, oder welchen guten Einfluss Jesus durch mich nehmen konnte. Manchmal zeigt sich die Frucht einer solchen Aufgabe erst nach vielen Jahren im Leben der Menschen. Viele der Jugendlichen wussten eigentlich, was richtig war und wollten diesen Weg auch gehen, doch der innere Kampf war zu groß.

Wer von uns hat noch keine Ablehnung in seinem Leben erfahren? Ich habe bis vor wenigen Jahren selber damit gekämpft. Gott brachte mich in Situationen, in denen sie ganz stark zum Vorschein kam. Ich wollte es erst nicht wahrhaben, doch als der Geist Gottes es so richtig „angestrahlt" hatte, konnte ich mich der Tatsache nicht mehr entziehen. Schritt für Schritt erlebte ich dann, wie ich mich auch darin veränderte.

Herausfordernde Jugendliche

Heimat Deutschland

Deutschland? Auf keinen Fall

Für mich war eigentlich klar, dass Deutschland das letzte Land war, das ich mir zum Wohnen ausgesucht hätte, da dort meine Drogenkarriere begann und ich damit nicht mehr konfrontiert werden wollte. Aber es kam wieder einmal anders.

Es war Sommer 2002, als ich schließlich das Gefühl hatte, dass Veränderungen anstanden, nicht nur beruflich, sondern auch vom Wohnort her. Sollte ich doch nach Südamerika gehen, um dort in einer Gemeinde tätig zu sein? Ich mochte die Herzlichkeit der lateinamerikanischen Menschen, ich konnte mir gut vorstellen, dort zu leben.

In diesem Sommer wollte ich wieder nach Deutschland reisen, nach Fulda, um meine noch in Deutschland wohnenden Verwandten und meine Freunde dort zu besuchen. Ich war auch Gast im Gottesdienst einer christlichen Gemeinde, wo ich ein paar Bekannte traf, die mir in meiner Drogenzeit

von Gott erzählt hatten. Es war ein erlebnisreicher Gottesdienst, mit Lobpreisband und einer sehr lebendigen Pre-
digt. Nach dem Gottesdienst ging ich mit einem Freund von
früher, einem Co-Leiter der Gemeinde, und seiner Familie
zum Essen. Während des Essens fragte er mich, ob ich mir
vorstellen könnte, die Jugendarbeit in seiner Gemeinde zu
leiten. Eine kleine Bezahlung wäre dafür auch möglich. Damit hatte ich nun überhaupt nicht gerechnet. Ich antwortete
ihm ziemlich entschieden: „Wieder in Deutschland zu leben,
ist so ziemlich das Letzte, was ich mir denken könnte – und
dann auch noch Fulda, wo ich meine harte Drogenzeit hatte,
das ist das Allerletzte."

Ich verbrachte zwei Monate in Spanien, wo ich bei Freunden
wohnte und dieses Buch zu schreiben begann. Als ich mir
Zeit nahm fürs Gebet und dabei an Fulda dachte, weinte ich
fast jedes Mal, und ich hatte den Eindruck, als ob Gott sagen
wollte: „Du warst sieben Jahre in den USA, dort habe ich
viel Altes aus dir herausgenommen und Neues hineingelegt,
jetzt wird es Zeit, davon einiges an andere weiterzugeben."
So verlor der Gedanke, zurück nach Fulda zu gehen, seinen
Schrecken und ich entschied mich schließlich dafür.

Zunächst war es gar nicht so leicht, Florida hinter mir zu
lassen, denn ich liebte das warme Klima und die lebensbe-
jahende Art der Amerikaner. Aber ich wusste, es gab keinen
besseren Ort, als da zu sein, wo Gott einen haben wollte.
Ich blieb also zwei Monate bei den Freunden in Spanien,

schrieb an diesem Buch, trainierte in ihrem Fitnessraum und schwamm regelmäßig im Pool – es war wie ein längerer, luxuriöser Urlaub. Dann fühlte ich mich gewappnet und entschloss mich zurück nach Fulda zu fahren, um mir die Aufgabe als Jugendleiter genauer anzuschauen. Ich setzte mich mit dem Co-Leiter und dem Pastor der Jesus-Haus-Gemeinde in Verbindung. Schließlich wusste ich nach vielen Gebeten und Gesprächen, dass das der richtige Platz für mich war.

Ich arbeitete vier Jahre als Jugendleiter in der Gemeinde. Es war eine sehr schöne und intensive Zeit; ich konnte sehen, wie die Jugendarbeit Stück für Stück wuchs. Ich durfte dazu beitragen, dass die Jugendlichen nicht nur an Gott glaubten, sondern ihn auch persönlich kennenlernen konnten. Ich war voll in meinem Element.

René und seine Jugendgruppe

Gott redet

Ich hatte schon oft die Bibelworte: „Meine Schafe hören meine Stimme" gelesen, doch niemals ein deutliches Sprechen gehört, das mir sagte: „Tue dies" oder „Mach es genau so". Das sollte sich ändern – durch eine für mich sehr bewegende Erfahrung.

Eingeladen von den gleichen Freunden Robin und Bianca, in deren Zuhause ich in Madrid mein Buch begonnen hatte, besuchte ich sie für drei Wochen in Kansas City, um auch die christliche Gemeinschaft, zu der sie gehörten kennenzulernen. Mein Aufenthalt begann direkt nach meiner Landung am Flughafen in Kansas City mit Schmerzen, ausgelöst durch eine Entzündung an meinen Füßen. Ein Arzt konnte mir auch nicht sehr viel weiterhelfen, außer dass ich Tabletten bekam, um den Schmerz zu lindern. Man ging davon aus, dass es eine vorübergehende Entzündung war, vielleicht sogar ausgelöst durch den Flug.

Ich war ungehalten und nörgelte bei Gott jeden Tag darüber, warum er so etwas auf meiner Reise zuließ. Ich wollte und konnte nicht verstehen, warum ich ausgerechnet in diesen drei Wochen, die ich hier verbringen wollte, täglich mit Schmerzen belastet war. Wie leicht ich doch diesen Gott, den ich eigentlich anhimmelte und mit Liedern lobte, plötzlich zu kritisieren begann, wenn etwas nicht zu meinen Vorstellungen passte.

Wenn alles o.k. lief, war es einfach ihn zu loben und Dankbarkeit zu zeigen. Wenn sich jedoch die Umstände, egal ob durch eine unerwartete Rechnung oder durch gesundheitliche Probleme änderten, verschwanden mein Lobpreis und meine Dankbarkeit recht schnell. Nörgeln ersetzte sie dann.

Bei einem Seminar über Heilung, an dem ich teilnahm, wurde auch persönliches Gebet angeboten. Ich ging nach vorn in Richtung Bühne und reihte mich zusammen mit einigen anderen ein, in der Erwartungshaltung, dass jemand für mich betete.

John Arnott war der Sprecher des Abends, bekannt durch die Airport-Gemeinde in Toronto, Kanada. Als er zu mir kam, legte er mir seine Hand auf den Kopf, betete und sprach einen Segen über mir aus. Nachdem er weitergegangen war, hörte ich so klar wie niemals zuvor in meinem Leben die folgenden Worte, die wie auf einem Bildschirm in meinem Kopf erschienen: „Ich möchte, dass du mich liebst dafür, wer ich bin, und nicht für das, was ich für dich tue".

Es ist nicht einfach zu erklären, wie ich diesen Satz wahrnahm. Es war kein akustisch hörbares Sprechen, jedoch klar und vor allem in meinem Kopf total sichtbar. Es war wie eine neonbeleuchtete Schrifttafel, die nachts in den dunklen Straßen einer Stadt sichtbar wird. Gott hatte den Wunsch ausgesprochen, dass ich ihn lieben sollte dafür, wer er ist und nicht für all die Dinge, die er für mich tat.

Nachdem ich diese Worte gehört hatte, kamen mir Bilder in den Sinn von Jesus am Kreuz, dann Bilder von Jesus, bevor er ans Kreuz ging. Es war so, als sollte ich erkennen: „Siehst du, wie stark meine Liebe zu dir ist? Sie ist so stark, dass ich gar nicht anders kann, als den Weg zum Kreuz zu gehen. Es ist die Liebe zu dir, die mich antreibt." Konnte mein Verständnis dieser Liebe, die er für mich hat, dazu beitragen, dass ich ihm gegenüber Lob und Dankbarkeit empfinde, egal, wie die äußeren Umstände sind? Würde ich lernen, stabil in meiner Liebe ihm gegenüber zu bleiben? Würde ich lernen, bedingungslos zu lieben?

Wie sehr wünsche ich mir als Mensch so geliebt zu werden, wie sehr wünscht sich Gott so geliebt zu werden – und nicht nur dann, wenn er seinen Kindern das gibt, was sie wollen. Ich befinde mich nach wie vor im Wachstumsprozess. Es ist schön, wenn man wahrnimmt, dass Situationen, die vor einigen Jahren noch Ungeduld und Wut hervorgerufen hätten, heute mit Geduld und Mitgefühl gemeistert werden.

Dieses Ereignis war sehr ungewöhnlich und hat sich bis heute auch nicht auf diese Weise wiederholt. Aber Gott inspiriert auch heute täglich meine Gedanken, gibt mir im Gebet Antworten auf Fragen, beleuchtet bestimmte Bibeltexte für mich – und sehr oft hat er für mich Türen geöffnet oder geschlossen und dadurch meinen Weg geleitet. Nicht zuletzt waren es auch in meinem Leben immer wieder Menschen, die mir wichtige Impulse von Gott weitergegeben haben.

Nicht mehr allein

Ich war bereits 45 Jahre alt und immer noch nicht verheiratet. So manch einer dachte, dass sich das auch nicht mehr
ändern würde – vor allem meine Eltern. Doch ich hatte nach
wie vor den Wunsch, eine Lebenspartnerin zu finden. Vor
vielen Jahren hatte mir jemand einmal gesagt: „Du wirst eine
Partnerin finden, doch wird es ganz anders sein, als du es dir
vorstellst." Ungefähr zehn Jahre nach diesen Worten sollte
das eintreffen.

Ich war nach wie vor in der Gemeinde als Jugendleiter tätig,
wo ich mein Bestes tat, damit die Jugendlichen Jesus wirklich kennenlernen konnten. Die Gemeinde hatte ungefähr
120 Mitglieder, darunter auch weibliche Singles – die ich mir
natürlich auch schon einmal genau angesehen hatte. Doch
meine Lebenspartnerin war nicht dabei, davon war ich überzeugt. Es würde bestimmt jemand aus einer anderen Stadt
oder sogar aus einem anderen Land sein, das war zumindest
mir klar.

Mich sprachen auch bereits verheiratete Gemeindemitglieder darauf an und sagten: „Hey, René, wie ist es denn mit
dieser Frau, ist das nicht dein Typ?", worauf ich immer antwortete: „Nee, absolut nicht!"

So machte mich mein Pastor auch auf eine junge Frau mit
dem Namen Nicole aufmerksam, die Single war. Sie war mir

bereits aufgefallen, jedoch hielt ich sie gar nicht für meinen Typ. Sie war von Beruf Friseurin, was mich dazu brachte, sie schließlich an einem Sonntag zu fragen, ob sie mir vielleicht die Haare schneiden könnte. Das tat sie auch. Allerdings war für mich immer noch klar: Sie kann es nicht sein.

Mit der Zeit fiel mir dann schon auf, dass ich so oft mit ihr zu tun hatte, vor allem, weil sie zusammen mit mir in der Jugendarbeit tätig wurde. Im Gebet hatte ich den Eindruck, dass Gott einfach sagte: „Vertrau mir weiter, du wirst sehen, was die Zukunft bringt." Wir verbrachten durch die gemeinsame Jugendarbeit immer öfter Zeit miteinander, und einige Gemeindemitglieder munkelten bereits: „Wäre das nicht ein schönes Paar." In dieser Zeit redeten wir öfter miteinander und gingen auch mal gemeinsam spazieren.

Bei einer gemeinsamen Veranstaltung, an der wir mit der Jugend teilnahmen, kam gegen Ende eine der Leiterinnen auf uns zu und fragte Nicole direkt vor allen Leuten: „Liebst du René?" Ich dachte: „O Mann, was ist denn jetzt los, wie kann sie so was vor allen Leuten fragen?" Die Leiterin sagte, dass sie das Gefühl hätte, sie sollte das fragen.

Nicole lief ganz rot an und wollte nur irgendwie aus dieser Situation entkommen. Sie gab keine Antwort auf die Frage und wir verließen unter vielen neugierigen Blicken die Veranstaltung. In dieser Nacht saßen wir stundenlang zusammen und redeten ganz offen miteinander. Nicole erzählte mir ihre Seite der Geschichte, die sie selber im nächsten Kapitel beschreibt.

Ich weiß auch nicht genau, wie mir geschah, aber ich fragte Nicole noch in der gleichen Nacht: „Willst du meine Frau werden?" Worauf sie dann allerdings antwortete: „Das geht mir jetzt ein bisschen schnell, bitte frag mich später noch einmal."

Eine Woche später gaben wir unsere Verlobung bekannt und heirateten nach weiteren sieben Monaten. Viele Gemeindemitglieder waren nicht überrascht, meinten, das hätten sie schon lange geahnt. Es schien, als ob es alle gewusst hatten, einschließlich Nicole, nur ich nicht.

Wir sind nun seit einigen Jahren glücklich verheiratet, und meine Aussage von damals war unzutreffend. Denn die Wahrheit ist: Nicole ist genau mein Typ. Ich kann mir keine andere Frau auf der Welt vorstellen, die besser zu mir passt und zu der ich besser passen könnte. Die Art, wie wir uns ergänzen, ist manchmal schon fast unheimlich. Meine Schwächen sind ihre Stärken und ihre Schwächen sind meine Stärken.

Wie gut, dass ich die ganzen Jahre über auch in dieser Sache auf Gott vertraut habe und nicht um jeden Preis eine Partnerin nach meinen Vorstellungen zu finden versuchte – dann hätte ich diese wunderbare Frau nie kennengelernt.

Aus Nicoles Blickwinkel ...

Seit meiner Kindheit glaube ich an Gott, lernte ihn im Verlauf meines Lebens immer besser kennen – und war ganz sicher, dass irgendwo ein Mann darauf wartete, mich kennenzulernen, den Gott genau für mich ausgesucht hatte. Ich war mit 30 Jahren immer noch Single. Immer wieder sprachen mich Menschen an, warum ich noch alleine lebte und man versuchte mich auf bestimmte Männer aufmerksam zu machen, aber die kamen für mich nicht in Frage.

Bei einem Sonntagsspaziergang mit meiner Freundin Cony erzählte sie mir von einem Cousin ihres Chefs. Der lebte in den USA und wäre vom Glauben her auch so drauf wie ich. Er wäre früher mal drogenabhängig gewesen, jedoch ein recht smarter Typ. Auf einmal wusste ich im Inneren: Das ist mein Mann. Ich sprach das laut aus und meine Freundin meinte dazu nur: „Du spinnst ja, du kennst den doch gar nicht. Wir wissen nicht, wie er aussieht, vielleicht ist der gar nicht attraktiv." Ich erwiderte nur: „Ich weiß auch nicht genau, wie ich das weiß – aber er ist es."

Einige Zeit verging, wir sprachen nicht mehr über dieses Thema, als meine Freundin eines Tages berichtete: „Weißt du noch, der Typ, der Cousin von meinem Chef, der ist hier in Fulda zu Besuch." Plötzlich dachte ich: „Oje, jetzt wird es ernst." Sie wusste von ihrem Chef, dass der Mann in eine Gemeinde ging, die ich früher öfter besucht hatte. Aber eigentlich wollte ich jetzt gar nicht dahin, ich dachte: „Ich kenne den ja auch nicht, und wer weiß, wie er aussieht." Es war auf einmal viel zu nahe gekommen.

Monate vergingen, und Cony erfuhr, dass er nun in Fulda bleiben würde und in der Gemeinde als Jugendleiter arbeitete. Also besuchte ich mit Cony eine große Veranstaltung mit ungefähr 300 Gästen in der Gemeinde. Wir saßen ziemlich nahe am Eingang, weil ich dachte, bei so vielen Leuten fallen wir nicht so auf. Da kam ein großer, dunkelhaariger Mann herein und ich sagte zu Cony: „Das ist er!" Sie war verblüfft und meinte: „Woher willst du das wissen?" Ich wusste, entweder ist er das oder er ist gar nicht hier.

Als die Veranstaltung zu Ende war, gingen wir zum Ausgang, wo er nur einige Meter hinter uns ging und jemandem die Hand gab und sagte: „Hallo, ich bin René." Cony wusste seinen Namen aus den Erzählungen ihres Chefs, also war es klar: Das war er! Cony konnte es kaum glauben und sagte entschlossen: „Wir gehen jetzt sonntags in seine Gemeinde." Cony glaubte damals eigentlich noch nicht an Gott, aber sie wollte mich nicht allein dorthin gehen lassen.

René bemerkte mich zuerst gar nicht, null, kein Hinschauen, nichts. Ich dachte: „Hab' ich mich doch verhört oder getäuscht?" Im Gebet sagte Gott immer wieder: „Das ist dein Mann." Ich fand es inzwischen immer schwerer, mir das vorzustellen.

An einem Samstagabend betete ich schließlich: „Okay, ich muss das jetzt genau wissen, Gott. Wenn er mich morgen fragt, ob ich ihm die Haare schneide, dann ist er mein Mann." Ich bin von Beruf Friseurin, hatte ihm aber noch nie die Haare geschnitten. Am Sonntagmorgen ging ich mit Cony in die Gemeinde und erzählte ihr von meinem Gebet. Nach dem Gottesdienst fing René mich in dem Getümmel von 100 Leuten ab und fragte mich, ob ich ihm in der nächsten Woche die Haare schneiden könnte. Ich erzählte es Cony: „Ich sag dir, ich heirate bestimmt nächstes Jahr und du wirst meine Trauzeugin." Sie hielt mich für ein bisschen verrückt.

Nach Monaten in der Gemeinde fragte mich die Frau des Pastors, ob ich nicht in der Jugend mitarbeiten wollte. René war dort der Jugendleiter. Ich dachte mal wieder „Oje", wusste aber, dass die Aufgabe mir Spaß machen würde, so sagte ich zu. Nun organisierte ich mit René zusammen Freizeiten, wir führten Gespräche mit Jugendlichen. Ich dachte inzwischen: „Arbeiten mit René, das ist okay, aber als Ehefrau?" René war sehr mit seiner Arbeit beschäftigt. Vielleicht hatte ich mich bei meinen Gebeten verhört? Doch Gott ließ nicht locker.

An dem Abend nach der Veranstaltung, in der ich öffentlich nach René gefragt worden war, erzählte ich René schließlich, was sich bei mir abgespielt hatte. René fragte mich dann in der gleichen Nacht, ob ich seine Frau werden wollte. Zuerst ging mir das ein bisschen zu schnell, aber dann war mir klar:

Das ist es! Im Mai 2005 heirateten wir. Cony war meine Trauzeugin, und ihr Chef, Renés Cousin, war sein Trauzeuge.

Es ist schon eine erstaunliche Geschichte, aber das ist die Art, wie Gott die Dinge sich manchmal entwickeln lässt – wenn man den Mut aufbringt, ihm zu vertrauen. Heute bin ich glücklich, René als Mann zu haben. Wir ergänzen uns großartig und führen ein tolles, aufregendes Leben zusammen.

Unsere Hochzeit

Neue Aufgaben

Nach meiner Heirat wurde mir (René) klar, dass sich beruflich etwas ändern würde. Ein Gedanke, den ich immer wieder bewegte, war, Englischunterricht zu geben. Die Frau unseres Pastors ließ mir eine Annonce zukommen, in der Menschen mit sehr guten englischen Sprachkenntnissen gesucht wurden. Sie stammte von einer Schule, die Kindern die englische Sprache auf spielerische Weise vermittelt. Sie suchten jemanden, der eine solche Englisch-Schule für Kinder in Fulda eröffnet.

Nach einem Gespräch mit dem Leiter der Sprachschule und reiflicher Überlegung hatten wir das Gefühl: Diese Herausforderung wollen wir annehmen. Die Leitung machte einen sehr professionellen Eindruck, die Unterrichtsmethodik und Führung des Unternehmens schien von hoher Qualität zu sein. Nicole und ich hatten den Eindruck, mit dieser Organisation würden wir gerne zusammenarbeiten. Sie verfügten über ein Know-how, welches im Laufe von vielen Jahren immer wieder auf den neuesten Stand gebracht worden war. Sie hatten eine Methode entwickelt, den Kindern und auch Erwachsenen die englische Sprache so zu vermitteln, dass es tatsächlich Spaß macht und nicht mühevolles Auswendiglernen und „Pauken" ist.

Ich verfügte bereits über einen reichen Erfahrungsschatz in der Arbeit mit Kindern und im Lehren der englischen Sprache. Durch die Schulungen, an denen ich teilnahm, bekam ich eine Methodik des Englischlehrens vermittelt, die mich völlig begeistert.

Meine Frau und ich machten uns in Fulda also mit einer eigenen Sprachschule selbstständig. Wir begannen mit 9 Kindern, die wir aus bestehenden Kursen übernahmen, und erlebten ein Wachstum auf über 70 Kinder in den nächsten zwei Jahren. Heute unterrichten wir ungefähr 100 Schüler pro Woche, mit steigender Tendenz.

Die Eltern unserer Kinder sind fasziniert, wie innerhalb von wenigen Monaten das Vokabular der Kinder wächst, sodass ein Vierjähriger ganz natürlich auf Fragen antwortet: „I am Eric, I am four years old, I have a brother, I don't have a sister, I like chocolate, I don't like Pizza", und schon ein Vokabular von 300 bis 500 Wörtern beherrscht. Damit bin ich wieder ganz in meinem Element und mache meine Arbeit mit großer Freude – und außerdem gewährleistet sie unser Familieneinkommen. Aber es tat sich noch eine weitere Chance auf.

Im Prinzip ist es nichts so Außergewöhnliches, eine Ausbildung für das Pastoralamt zu machen, doch bei dem Weg, den ich gegangen war, von da, wo ich hergekommen war, grenzte das ans Unmögliche. Nicht für Gott.

In den USA hatte ich zweieinhalb Jahre ein Bible College besucht und einen Abschluss in Liberal Arts und Practical

Ministry gemacht, also einen AA-Degree, wie man es im Fachjargon ausdrückt. Als ich in Fulda die Aufgabe als Jugendleiter übernahm, legte mein Pastor mir ans Herz, mein Studium in Deutschland weiterzuführen und dadurch eine Ausbildung zum Pastor zu machen. Wiederum im Gebet hatte ich den Eindruck, dass das tatsächlich passen könnte. So bewarb ich mich am Theologischen Seminar Beröa, um an der dortigen Kandidatenschule teilzunehmen. Diese Art des Studiums ist berufsbegleitend, ich konnte also die Ausbildung machen und weiterhin als Jugendleiter tätig sein.

Normalerweise dauert die Ausbildung zum Pastoralamt dort sechs bis sieben Jahre, doch man rechnete mir mein Studium in den USA komplett an, sodass mir nur noch dreieinhalb Jahre blieben. 2006 schrieb ich meine Ordinationsarbeit und bestand meine Prüfung zum geistlichen Dienst. Während der Ausbildung war ich mir eigentlich nicht so ganz sicher, wo es hinführen würde. Denn ich konnte mir nicht vorstellen, in nächster Zukunft eine Gemeinde zu leiten oder als Co-Pastor in einer Gemeinde tätig zu sein. Wozu diente dann diese Ausbildung?

Wir werden Eltern!

Hätte mir jemand noch vor Jahren gesagt, dass ich Papa werde, hätte ich gedacht: Da müsste Gott aber ein großes Wunder tun … So empfanden wir es auch, als uns der Arzt bestätigte: „Hier schlägt bereits ein kleines Herz". Nicole und ich wussten zuerst gar nicht, wie wir reagieren sollten, es kam so überraschend und völlig unerwartet.

Wir hatten eine Woche zuvor noch zusammengesessen und darüber gesprochen, wie unsere Zukunft ohne Kinder aussehen würde, falls wir keinen Nachwuchs bekommen könnten.

Nicole war bereits im dritten Monat schwanger. Wow, wir wurden Mama und Papa, nochmals wow. Neben der Überraschung, die fast wie ein kleiner Schock war, machte sich ein Gefühl der tiefen Freude breit. Alle Freunde und Verwandten freuten sich riesig mit uns. Doch leider wurde die Freude durch eine schlimme Nachricht getrübt.

Immer noch Hepatitis C

Ich glaubte fest, dass das Hepatitisvirus völlig verschwunden wäre. Nun war ich wieder einmal bei einer Blutuntersuchung. Nachdem der Arzt die Ergebnisse erhalten hatte, versuchte er dringend mich zu erreichen. Meine Leberwerte waren so schlecht und die Virenanzahl in eine solche Höhe geschossen, dass es für mich gefährlich wurde. Was er mir sagte, ließ mich ein wenig blass werden. Meine Virenanzahl war auf circa 14 Millionen gestiegen. Damit hatte ich absolut nicht gerechnet!

Mein Zustand ließ es nicht zu, abzuwarten und mal zu sehen, was geschieht. Es musste etwas getan werden. Ich wollte nun nicht weiter auf übernatürliche Heilung vertrauen und dabei das Risiko eingehen, dass meine Frau irgendwann den Notarzt hätte rufen müssen. Vor allen Dingen nicht, da wir jetzt Eltern wurden. Ich wollte doch gesund sein für mein Kind. In sechs Monaten sollte ich Vater werden.

Nach einem Gespräch mit meinem Freund, einem Oberarzt einer Klinik, entschloss ich mich dazu, eine Interferonbehandlung zu machen. Er sagte mir, dass bei dieser Art von Hepatitis C die Heilungschance 80 Prozent beträgt. Das, was ich so lange auf keinen Fall in Betracht ziehen wollte, sollte nun Realität für mich werden. Wenn ich nur an die möglichen Nebenwirkungen dachte, von denen ich gehört bzw. gelesen hatte, begann ich mich schon schlecht zu fühlen.

Im ersten Moment war ich enttäuscht und klagte Gott an: „Warum nach all dieser Zeit? Warum muss ich das ausgerechnet jetzt durchmachen?" Doch die Anklagen verklangen schnell. Ich orientierte mich nicht an meinem Gefühl sondern am Wissen: Gott lässt mich nicht im Stich. Das Vertrauen kam zurück: „Du weißt warum, du meinst es gut mit mir, du hast das Beste im Sinn. Ich vertraue dir."

Würde ich in meinem Vertrauen zu Gott doch zum ersten Mal enttäuscht werden? Ich konnte mich daran erinnern, dass ich damals bei der Diagnose in den USA ein Gespräch mit meinem damaligen Lehrer und Leiter der Bibelschule hatte. Er sagte: „René, entweder vertrauen wir auf übernatürliches Eingreifen Gottes oder wir vertrauen auf Gottes Wirken während der Behandlung, dass keine Nebenwirkungen eintreten."

Ich würde also jetzt dieser Therapie zustimmen und vertrauen, dass Gott dafür sorgt, dass die Nebenwirkungen mir nichts ausmachten.

Als Erstes wollte ich endlich eine Leberpunktion durchführen lassen, die ich ebenfalls lange hinausgeschoben hatte, weil sie sehr schmerzhaft sein sollte. Mein Freund, der Oberarzt, führte die Biopsie selbst durch. Ich spürte absolut nichts, kein bisschen Schmerz, ich konnte es kaum fassen. Das, wovor ich soviel Angst gehabt hatte, war schließlich für mich völlig harmlos. Die Biopsie ergab, dass der Zustand meiner Leber noch „im grünen Bereich" war. Der Arzt erklärte mir, dass alle Voraussetzungen gegeben seien, dass ich eines Tages wieder ganz normal essen könnte. Ich hatte die letzten zwölf Jahre fettfrei gelebt und war dabei recht schmal geworden. Der Gedanke, eines Tages mit meiner Frau in einem Café ein Stück Schwarzwälder Kirschtorte essen zu können, war für mich fast wie ein Traum.

Als die Interferonbehandlung begann, nahm ich schon wahr, dass die Medikamente eine Wirkung auf mein Befinden hatten, doch die Nebenwirkungen, die von anderen beschrieben wurden, blieben mir erspart. Ich hatte so manches Mal das Gefühl, als wollte eine dunkle Wolke mich einhüllen. Wenn ich dann nicht gegensteuerte, war es, als ob ich eine Treppe hinabstiege, wo es immer dunkler wurde. Gott war derjenige, der es durch seinen Geist immer wieder hell werden ließ.

Nach sechs Monaten hatte ich es geschafft: Ich bekam die letzte Spritze, die Therapie war beendet. Die Frage war: Hatte die Therapie auch Erfolg? Ein neuer Bluttest stand an. Vier lange Tage musste ich auf das Ergebnis warten. Dann kam endlich das erlösende Telefongespräch: Das Virus konnte nicht mehr nachgewiesen werden. Es war überstanden! Woran ich die ganzen Jahre geglaubt hatte, war tatsächlich eingetreten. Der Weg dahin war ein anderer, als ich es erwartet hatte, doch das Ergebnis war: Virus nicht mehr nachweisbar! Gott hatte mich nicht im Stich gelassen, er hatte seine Zusage gehalten. Weitere Blutuntersuchungen im Abstand von jeweils drei Monaten sollten folgen. Die Testresultate waren negativ. Das Virus ist bis heute nicht mehr aufgetreten. Ich gelte als vollständig geheilt. Dank sei Gott.

Genau zum Beginn meiner Behandlung kam eine Anfrage einer öffentlichen Schule, ob ich vormittags als Vertretungslehrer tätig sein wollte. Meine Nachmittage waren ja bereits mit meiner eigenen Sprachschule gefüllt. Ich war zunächst nicht sicher, ob ich während der Interferonbehandlung diese zusätzliche Aufgabe übernehmen sollte. Ich spürte aber, dass Gott mit mir ging. Meine Frau, die vom Typ sehr stark ist, motivierte mich, über den Dingen zu stehen. Ich lernte, mich nicht von negativen Gefühlen leiten zu lassen, was für einen eher emotionalen Menschen wie mich nicht so einfach war.

Also nahm ich die neue Aufgabe an und gab als Aushilfskraft in den Fächern Englisch und evangelische Religion Unterricht. Ich vertrat Lehrer, die entweder krank oder auf Schulung waren. An einer der Schulen machte man mich darauf aufmerksam, dass ich aufgrund meiner Ausbildung zum geistlichen Dienst von der evangelischen Kirche eine Unterrichtsgenehmigung für evangelische Religion erhalten konnte. Was für ein großer Schritt – nach meiner Vergangenheit. Ich konnte mir sehr gut vorstellen, dieses Fach zu unterrichten, doch es schien mir ein zu hoch gestecktes Ziel.

Dennoch schickte ich meine ganzen Unterlagen an die zuständige Stelle der evangelischen Kirche und wartete. Wenn Gott das wollte, dann würden sich Türen öffnen, auch wenn es in meinen Augen kaum möglich war. Nach einer längeren Zeit des Wartens bekam ich tatsächlich die Genehmigung. Dazu erhielt ich die Auflage, an einer Schulung teilzunehmen, die über einen Zeitraum von 12 Monaten lief. Ich würde tatsächlich Religion unterrichten können! Ein paar Wochen später hatte ich einen Jahresvertrag mit der Schule und begann im Sommer, evangelische Religion zu unterrichten.

Ein neuer Erdenbürger

Der 2. April 2007 sollte zu einem der schönsten Tage unseres Lebens werden. Unser Baby würde an diesem Tag mit Kaiserschnitt zur Welt gebracht werden, da es in Steißlage war. Das Datum stand also fest. Was wir aber nicht wussten, war: Junge oder Mädchen? Durch die Lage des Babys konnte der Arzt auf den Ultraschallaufzeichnungen nichts Genaues erkennen. So hatten wir Spannung bis zum letzten Moment. Dann kam endlich die Antwort: „Es ist ein Mädchen." Schon hatten wir unsere kleine Hannah vor Augen. Es war ein überwältigendes Gefühl. Ein kompletter kleiner Mensch, unsere kleine Tochter.

Für mich gingen kühnste Träume in Erfüllung. Was ich mir im Geheimsten gewünscht hatte, was mir jedoch unmöglich schien, war eingetreten. Zuerst hatte ich eine wunderbare Frau gefunden und dann eine gesunde Tochter bekommen, wow, ich habe eine Familie! Gott hatte meine Herzenswünsche erfüllt.

Der Anfang mit unserer kleinen Hannah war sehr herausfordernd, denn sie stellte unser Leben auf den Kopf. Das, wozu man sich früher Zeit genommen hatte und was uns auch als wichtig erschienen war, wurde nun zweit- und drittrangig. An erster Stelle kam Hannah. Auch wenn sie mich manchmal an meine Grenze brachte, mir meinen Schlaf raubte, oder mich davon abhielt, meine Lieblingsfernsehsendung zu sehen, überwog die Freude um ein Tausendfaches.

Ich begann ein wenig mehr zu verstehen, was Gott für uns als seine Kinder empfindet. Welch eine Liebe und Freude er für uns spürt. Auch wenn wir nicht immer das Richtige tun, sondern vielleicht sogar das Gegenteil, ist seine Liebe und Treue zu uns viel größer. So wie ich mir niemals vorstellen könnte, unsere geliebte Hannah im Stich zu lassen oder mich von ihr abzuwenden, so kann Gott auch uns niemals im Stich lassen. Die Liebe Gottes ist stärker. Denn wir sind seine Kinder.

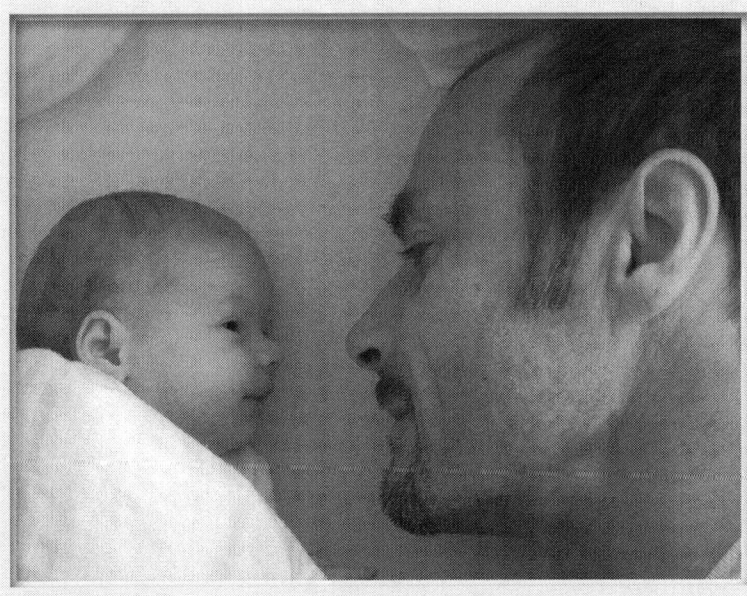

Vater und Tochter

Meine Familie

Nachwort

Ich bin so glücklich und dankbar darüber, dass ich Gott kennengelernt habe, und mein Leben eine solche Wendung nahm. Wer hätte gedacht, dass aus einem drogenabhängigen jungen Mann, der sein halbes Leben damit verbracht hatte, dem Lebenssinn nachzujagen, ein glücklicher Familienvater würde, der eine eigene Sprachschule besitzt und Religionsunterricht erteilt?

Nachdem ich Gott mein Leben anvertraut habe, hat er etwas Wunderschönes daraus gemacht. Man kann an den Wegen meines Lebens erkennen, dass ein Meisterplaner dahinter stand, der genau wusste, was er tat. Es war, als ob jede Stufe die Vorbereitung für die kommende sein würde. Reifen, Wachsen, Loslassen, Vertrauen, manchmal Nicht-Verstehen, doch immer wieder überwältigt sein von seiner Güte und seinem Plan. Alles, was ich mir in meinem Herzen gewünscht habe, ist eingetreten, denn Gott kannte meine Wünsche von Anfang an. Mein Schrei nach echtem Leben ist beantwortet worden.

Lieber Leser, liebe Leserin, Sie haben die Möglichkeit diese Wahrheit mit Gott selbst zu entdecken. Ein wunderbarer abenteuerlicher Weg liegt vor Ihnen, wenn Sie ihn betreten möchten. Lassen Sie sich überraschen! Denn: „Wer bittet, dem wird gegeben, wer sucht, der findet, und wer anklopft, dem wird aufgetan." (Matthäusevangelium Kapitel 7, Vers 8).

Sie können die Reise beginnen, indem Sie den ersten Schritt machen und Jesus in Ihr Leben einladen. Bitten Sie ihn doch einfach mit folgenden Worten: „Jesus, ich möchte dich kennenlernen, bitte komm in mein Leben. Lass mich spüren und erkennen, dass du lebst und dass du mich liebst ..."

Die Menschen sagen:

„Zeig es mir und ich glaube dir."

Gott sagt:

„Glaube mir und ich zeig es dir."